마음의
문제

TURTLENECK PRESS

한수희 지음

예를 들어 불안
같은 것

TURTLENECK PRESS

어떻게 살아야 하는 걸까?

Prologue

영국의 영화감독 마이크 리의 영화들을 좋아한다. 나는 그의 영화 <세상의 모든 계절>을 보고 조용히 충격을 받아서 그 영화에 대한 글을 쓰고 관객들과 영화를 함께 보고 이야기도 나눈 적이 있다. 그 영화의 가장 충격적인 점은 이거였다. 아니, 이게 대체 무슨 얘기야?

줄거리는 단순하다. 톰과 제리라는 잉꼬부부가 있다. 그들은 직업적으로 성공했고 가정도 화목하다. 사랑하는 아들은 인권변호사가 되었다. 부부는 주말마다 작은 농장에 가서 밭도 일구고, 매일 저녁 함께 요리를 해 먹으며 그날 있었던 일을 이야기한다. 종종 친구들을 집으로 불러 조촐한 파티를 열기도 한다. 그들의 삶은 모두가 꿈꾸는 완벽한 노후처럼 보인다.
그런데 모두 톰과 제리처럼 운이 좋지는 않다. 그들의 친구이자 이혼녀인 메리는 불안정하고 외로운 삶을 살며 톰과 제리를 부러워하고, 그들의 삶에 뿌려진 반짝이는 행운의 조각들이라도 주워보려 애쓴다. 그러나 그건 쉽지가 않다. 영화는 그런 이야기다. 그냥 그런 이야기. 행복한 사람은 계속 행복하고 불행한 사람은 계속 불행한 이야기.
이게 대체 무슨 얘기인지 모르겠는데도 나는 이 영화가 좋았다. 자주 영화 속 이야기를 생각했다. 마치 그 안에 인생의 커다란 비밀이라도 숨어 있는 것처럼. 톰과 제리와 메리. 행복이란 뭘까? 톰과 제리의 행복은 어디에서 온 걸까? 메리의 불행은 또 어디에서 온 걸까? 나는 이 이야기에서 무얼 배워야 하는 걸까? 그렇게 수년 동안 그 이야기를 생각하다가, 어느 날, 어느 순간, 마치 계시라도 받은 것처럼 어떤 생각이 들었다.

이 바보야. 그건 옳고 그름에 대한 이야기가, 선과 악에 대한 이야기가, 좋음과 나쁨에 대한 이야기가 아니었어. 행복과 불행에 대한 이야기도 아니고, 무엇이 맞고 무엇이 틀렸다는 이야기도 아니었어. 그건 그냥 그런 이야기일 뿐이었어. 이게 삶이라는 이야기. 그냥 그런 거라는 이야기. 어떤 사람은 운 좋게 살아가고, 어떤 사람은 불운하게 살아간다. 그것뿐이다. 삶은 그런 것이다.

그 순간 나는, 내가 세상만사를 지독히도 이분법적으로 바라보는 인간이라는 사실을 깨달았다. 물론 몰랐던 바는 아니었다. 그러나 머리로 아는 것과 몸과 마음으로 깨닫는 것은 다른 일이다. 그렇지 않은가?
아마 내 불안과 공포도 그것에서 비롯되었을 것이다. 나에게는 행복과 불행의 사이에 있는 그 수많은 것들이, 아니,

아예 행복도 아니고 불행도 아닌 것들이 잘 보이지 않았다. 그래서 이렇게 되어야만 한다고 믿었다가 저렇게 되었을 때마다 세상이 무너질 것처럼 고통스러웠다. 그 관념을 교정하지 않는다면, 그것을 내 몸과 마음으로 뼈에 사무치게 깨닫지 못한다면, 나는 언제까지고 불안과 공포의 노예로 살아갈 거라는 생각이 들었다. 그래서 그것에 대해서, 이분법에 대해서, 성공과 실패에 대해서, 좋음과 나쁨에 대해서, 옳고 그름에 대해서 깊이 생각해보고 싶어졌다. 알아보고 싶어졌다. 그 일들에 대해서 쓰고 싶어졌다.

그전에는 어어어, 하고 떠밀려가듯 글을 쓰고 책을 냈다. 가만히 있는데 누가 써보세요, 라고 했고 어우 고맙지 뭐, 하고 썼다. 그렇게 쓰다보니 어느 순간 내가 어디로 가고 있는지 잘 모르게 됐다. '책을 일곱 권이나 냈는데 나 지금 뭘 하고 있는 거지?' 같은 생각을 하고는 멍해졌다.

작년에 우리 동네 헌책방 골목 배다리에서 열린 언노운 북 페스티벌에서 책 큐레이션을 하게 됐다. 한 책방에서 내가 고른 다섯 권의 헌책을 전시하는 일이었다. 그날 한미서점에서 책을 고르는데, 서가에 꽂힌 책들이 대부분 낯익었다. 한 번쯤은 그 이름을 들어본 책. 내가 어릴 때 유명했던 책. 신문에 대자로 광고도 했던 책. 난다 긴다 하는 작가들이 쓴

책. 사람들이 다들 읽고 있던 책. 그러나 지금은 아무도 읽지 않는 책.

이 작가들은 전부 어디로 갔을까? 더이상 글을 쓰지 않을까? 아니면 아무도 읽지 않을 글을 쓰고 있을까? 저렇게 잘 나가던 사람들도 결국 20년 후, 30년 후에는 기억하는 이도 별로 없는 이름이 되었는데, 무명의 내가 뭐라고 작가로서의 미래에 대해 생각하고 있는 걸까?

그때도 역시 머리가 아니라 몸과 마음으로 깨달았다. 너는 지금 그걸 생각할 때가 아니야. 네게 중요한 건 그게 아니야. 이런 것은 중요치 않아. 중요한 것처럼 보이지만 결국은 그렇지 않게 되어버리지. 그렇다면 무엇이 중요한 걸까? 톰과 제리와 메리. 그 문제에 계속 골몰하고 있다. 여기에 쓰인 글들에는 그 골몰의 과정이 담겨 있다.

나는 아직 40대인데, 아주 오래전부터 인생을 다 산 기분이 들곤 했다. 그것 역시 불안과 공포 때문이었다는 사실을 이제는 안다. 인생을 당겨서 사는 것. 올지 안 올지 모를 미래를 걱정하는 것. 한 치의 오차도 없는 계획을 세우려 발버둥치는 것. 그래서 나는 이미 30대 후반부터 할머니가 되어버린 것 같았다. 요즘도 가끔씩 내가 40대라는 것을 알고는 깜짝 놀란다. 뭐야, 40대라니. 나 아직 어리잖아?

그러니 나는 그 누구보다 나 자신을 위해서 이 책을 썼다. 마음이 편한 중년의 여성으로 늙어가기 위하여 이 책을 썼다.

그러나 이 이야기를 쓰게 된 가장 큰 이유가 있다. 내가 불안장애로 인한 우울증으로 병원에 갔다는 사실을 알게 된 날, 엄마는 대성통곡을 했었다. 엄마. 나에게 불안함과 씩씩함이라는 공존하기 힘든 자질을 가보처럼 물려준 사람. 다음 날 엄마는 눈물을 그치고 전화를 걸어 이렇게 말했다. "그 이야기를 책으로 써."

그래서 나는 그렇게 했다.

Prologue · 006

제1장

인생의 가장 아름다운 순간들은 그저 담담히 흘러가고 있다. 우리가 발견해주기만을 바라면서, 우리가 그 순간에 머물러주기를 기대하면서

나의 처음이자 마지막 '병' 이야기 · · · · · · · 019
나와 숫자들 · · · · · · · · · · · · · · · · · 038
쇼콜라케이크 맛 나의 가난 · · · · · · · · · · 056

제2장

내가 했던 모든 일과 내가 하지 않았던 모든 일을 후회하지 않는다. 이제 와서 후회해봤자 아무 소용이 없기 때문이다

수능 시험 날 늦잠 잔 아이에게는
어떤 미래가 펼쳐질까 · · · · · · · · · · · · · · · 075
이나가키 씨네 2층, 히라야마 씨네 1층 · · · · · · 094
150만 원의 삶 · · · · · · · · · · · · · · · · · · 110

제3장

내가 원하는 삶의 모습이 남들과는 조금 다를지라도,
아주 작은 것부터 내가 원하는 방향으로 움직이기
시작한다면 어느덧 내가 원하던 삶에 가까워져 있을
것이라고

웃으면서 달리는 법· · · · · · · · · · · · · · 137
정확한 위로· · · · · · · · · · · · · · · · · 154
아무것도 안 하고 있는데 더더욱
아무것도 안 하고 싶은 기분에 대하여 · · · · · · 174

제4장

걸어도 걸어도 우리는 작은 배처럼 흔들린다. 살아도 살아도 인생이 무엇인지 알지 못한다. 우리가 할 수 있는 건 그저 걷는 것뿐이다

아이들이 보고 있어· · · · · · · · · · · · · · · 197
난기류는 원래 무서워· · · · · · · · · · · · · 214
유쾌 상쾌 통쾌하게 망해보겠습니다· · · · · · · 232

Epilogue · · · · · · · · · · · · · · · · · · 248

마음의 문제

제1장

인생의 가장 아름다운 순간들은 그저 담담히 흘러가고 있다. 우리가 발견해주기만을 바라면서, 우리가 그 순간에 머물러주기를 기대하면서

나의 처음이자 마지막 '병' 이야기

 남의 병 이야기를 듣는 것은 싫지 않다. 병에 걸린 사람의 수기를 읽고 눈물을 펑펑 흘린 적도 여러 번이다. 우울증이나 공황장애를 앓고 있는 사람의 이야기도 많이 읽었다. 그런데 나의 병 이야기를 하는 건 재미가 없다. 이런 것까지 써야 하나 싶어 구차한 기분이 든다. 이미 지나가 버린 고통의 이야기를 반복하는 건 적어도 나 자신에게는 참을 수 없이 지루하다. 하지만 어쩔 수 없이 병 이야기를 조금은 구체적으로 써야 할 것 같다.

 마흔네 살의 어느 봄, 혀끝이 쓰리기 시작했다. 처음엔 뜨거운 음식에 덴 줄 알았다. 얼마 전 순대국밥인지 된장찌개인지를 (언제나 그렇듯) 허겁지겁 먹었는데 그것 때문인지도 모르겠다고 생각했다. 일주일이 지나도 혀가 아릿한 느낌이 사라지지 않았다. 거울 앞에서 혀를 쑥 빼고 구석구석 살펴봤지만 별문제가 없어 보였다. 대체 이걸 어느 병원에 물어봐야 하나 고민하다가 단골 내과에 갔다. 의사의 의견도 같았다. 육안으로는 특별한 것이 보이지 않는데 이런 증상은 보통 노인들에게 많이 생긴다며 의아한 표정을 지었다. 처방해준 약을 먹었더니 혀가 더 쓰렸다.

나는 의심스러운 신체 증상을 겪게 된 현대인이라면 누구나 하는 일 ― 네이버에 '혀끝이 쓰라려요'라는 검색어를 입력하는 ― 을 했다. (기어이 내 손으로 지옥문을 연 것이다.) 나는 곧 '구강작열감증후군'이라는 병명을 찾아냈다. 증후군이라니. 증후군은 무엇인가. 국어사전에는 '몇 가지 증후가 늘 함께 나타나지만, 그 원인이 명확하지 아니하거나 단일하지 아니한 병적인 증상들을 통틀어 이르는 말'이라고 적혀 있다. 그러니까 병인 듯 병 아닌 병 같은 병이라는 뜻이다. 어쩌지? 이거 골치 아프게 됐네.

알고리즘은 끝내 나를 삼차신경통 환우들의 인터넷 카페로까지 안내했다. (웰컴 투 헬!) 내가 평생 듣도 보도 못한 통증의 세계가 여기에 있었다. 이 카페에서 활동하는 회원들은 대개 원인 불명에 치료법도 없는 치아 및 잇몸 통증을 겪고 있었는데, 간혹 나처럼 혀가 아픈 사람도 있었다. 그들은 통증 때문에 일상생활도 제대로 할 수 없고 잠도 잘 수 없다고 했다.

그중에 자신의 통증과 고통과 불안과 우울을 토로하는 글을 계속해서 올리고 다른 이들의 글에 댓글까지 열심히 남기는 한 남자가 있었다. 그는 혀 때문에 잠도 못 자고 일도 제대로 못 한다며 사는 게 사는 게 아니라고 했다. 글에서도 괴로움이 생생하게 느껴졌다. 그는 통증에서 해방될 수만 있다면 무슨 짓이라도 할 사람 같았다.

나는 공포에 질렸다. 그 딱한 사람처럼 될까 무서웠다. 수년 동안 혀가 아플까봐, 혀가 아프다는 감각에 매시간 매분 매초를 쫓기게 될까봐 무서웠다. 누워도 앉아도 서도 혀가 아프고 밥을 먹어도 잠을 자도 혀가 아플까 무서웠다. 전처럼 일상적인 상태, 그러니까 혀에 아무런 느낌이 없는 상태로 돌아갈 수 없을까봐 너무 무서웠다.

끝을 아는 고통은 견딜 만하다. 이를테면 이를 뽑는다거나 배탈이 난다거나 레이저로 점을 뺀다거나 아이를 낳는다거나 하는 고통. 정말로 무서운 것은 끝을 가늠할 수 없는 고통이다. 이 갑작스러운 혀 통증에는 끝이라는 게 없어 보였다.

그 무렵 나는 잠을 잘 못 자고 있었다. 잠 하나는 끝내주게 잘 자는 내가 벌써 수개월째 잠이 들었다가도 한 시간이 지나기 무섭게 깨곤 했다. 잠든 사이에는 반드시 끔찍한 악몽을 꿨다. 깨어나서는 공황 상태에 빠져 몇 시간을 못 자다가 겨우 잠들면 또 악몽을 꿨다. 하룻밤에도 장르와 배경과 등장인물이 다른 악몽을 서너 개는 꾸는 듯했다. 매일 밤이 버라이어티하게 괴로웠다.

내 나이 마흔넷, 많은지 적은지 알 수 없었다. 매일 텃밭의 상추처럼 자라는 아이들을 키우다보니 내 나이까지 생각할 여유가 없었다. 어떤 때는 세상 다 산 노인 같은 기분이 들었고 또 어떤 때는 아직 오십도 안 됐다는 사실에 놀라곤 했다. 즐거웠던 유년기와 우울했던 청소년기, 반쯤 돌아 있던 20대 초반을 거쳐 20대 후반에 접어들자마자 결혼을 하고 연달아 아이를 둘 낳았다. 만 18세부터 혼자 살다보니 내가 생각보다 외로움을 많이 타는 사람이라는 걸 자연스럽게 알게 된 것이다. 어찌됐든 빨리 가족을 만들어야 했다.

30대 내내 아이 둘을 키우며 가난과 실직 상태, 이혼의 위기와 싸웠다. 다행히 필요한 돈만큼 일이 조금씩 들어왔고 40대가 되자 숨통이 트이기 시작했다. 가계도 어느 정도 안정됐고 아이들도 알아서 살 수 있을 정도로 자랐다. 이제는 차곡차곡 돈을 모아 노후를 준비할 일만 남았다고 생각했다. 딱 그 시점에 어릴 때부터 자매처럼 자란 소꿉친구가 우리 동네, 동인천으로 이사를 오게 됐다.

친구는 남편과 내가 우여곡절 끝에 꾸리고 있는 회사의 유일한 직원이다. 그 애는 20대와 30대 내내 서울 여기저기의 월세방과 고시원, 다가구주택을 전전하며 다람쥐가 도토리를 모으듯 조금씩 조금씩 전세금을 모았다. 나는 친구가 우리 동네로 이사 온다는 사실에 신이 나서 같이 집을 구하러 다니고 공인중개사 사무실에서 계약도 함께 했다. 요즘 전세사기가 기승이라곤 했지만 주인은 그 집에서 오랫동안 산 평범한 아주머니, 서류상으로도 아무 문제가 없는 낡은 빌라였다. 우리에게는 그런 일이 일어날 리가 없었다.

그러나 법의 허점을 노린 전세사기범, 소위 빌라왕과 공인중개사가 짜고 벌인 사기극에 걸려들지 않는 것은 불가능했다. 이사한 바로 다음 날 친구도 모르게 등기부등본상의 집주인이 바뀌어 있었다. 한참 후에 서울경찰청 사이버 수사대에서 연락이 와(보이스피싱인 줄 알고 의심했다) 친구의 집주인이 유명한 빌라왕의 바지사장이고 그가 명의를 빌려준 전셋집만 100채가 넘는다는 이야기를 들었다. 뒤늦게 찾아간 공인중개사 사무실은 야반도주라도 했는지 텅 비어 있었다.

  사기를 당했다는 걸 알았을 때의 심정은 뭐랄까, 하늘이 두 쪽으로 쪼개지는 것 같은 진부한 심정이었다. 땅이 꺼지고 눈앞이 캄캄해지는 것 같은 뻔한 심정이었다. 친구는 20여 년간 고군분투하며 모은 전 재산을 모조리 잃을 수도 있게 된 것이다. 그 돈을 잃고 내 친구가 다시 일어설 수 있을까? 이 나이에 다시 바닥부터 시작해야 하다니 내가 다 앞이 캄캄했다. 남편은 친구가 집도 없이 나앉게 되면 우리 집 방 한 칸이라도 내줘야 하지 않겠냐고 했다. 나는 절망에 빠져 일주일 동안 식음을 전폐했고, 덕분에 수년간 꿈쩍 않던 체중이 쭉쭉 내려갔다. (역시 안 먹으면 빠진다.) 지옥 같은 일주일 후, 불행 중 다행으로 친구가 두 달 전에 신청한 전세보증보험(HUG) 가입이 드디어 승인되었다. 큰 문제가 없는 한 2년 후 전세보증금을 돌려받을 수 있게 된 것이다.

그런데 이상하게도 내 상태는 별반 달라지지 않았다. 안정을 되찾은 친구와 달리 나는 매일 걱정과 불안, 우울에 사로잡히는 마음을 애써 추슬러야 했다. '전세사기'라는 말만 들어도 가슴이 쿵쾅거리고 팔다리에서 힘이 다 빠지는 느낌이었다. 특히 저녁 무렵만 되면 바닥까지 떨어지는 기분이 문제였다. 산책을 하고 운동을 하고 책을 읽고 친구를 만나고 맛있는 걸 먹어도 처진 기분은 제자리로 돌아오지 않았다. 뉴스는 매일 전세사기로 자살한 젊은이들의 소식을 전했고 나는 이런 세상에서 어떻게 살아가야 할지 무서워 벌벌 떨었다. 매일 밤 악몽을 꾸고 또 꿨다. 그러다 반년 후 갑자기 혀가 아프기 시작한 것이다.

혀는 좀처럼 낫지 않았고 수면의 질은 최악이었다. 감정 조절도 안 됐다. 외출했다가 숨쉬기 어려울 정도로 괴로워 울면서 집으로 돌아온 적도 있었다. 안 되겠다 싶어 일단 동네 한의원에 갔다. 양방이 모르는 병이라면 한방에라도 의지해봐야 했다. 나이 지긋한 한의사는 혀는 쓰리고 잠도 못 자고 어깨도 아프다는 내 이야기를 듣더니 이렇게 물었다.

"많이 힘든가보네. 뭐가 그렇게 힘들어요?"

놀랍게도 그 말에 갑자기 울음이 터졌다. 당황스러웠다.

나는 남들 앞에서 잘 울지 않는다. 슬픈 영화를 봐도 웬만하면 이를 악물고 참는다. 그런 내가 난생처음 보는 사람 앞에서 울음을 터뜨린 것이다. 나는 그에게 고백했다. "다 힘들어요. 일도 힘들고 아이들 키우는 것도 힘들어요. 뭐든 잘해야 하니까 더 힘들어요." 그제야 알았다. 나는 힘들었던 것이다.

나는 힘들었던 것이다. 너무나 오랫동안 기를 쓰고 살아온 것이다. 유치원과 학교에 다닐 때는 단체 생활에 적응하느라, 공부해서 성적을 올리느라, 20대가 되어서는 혼자 서울에서 살아남느라, 30대에는 아이들을 키우고 먹여 살리느라 너무 기를 쓰고 살았다. 심지어 나는 그 모든 일을 다 잘해내고 싶었다. 내가 아니라면 누구도 이 일을 할 수 없을 거라고 생각했다. 아이들은 내가 없으면 자랄 수 없을 것이고, 남편은 내가 없으면 티셔츠를 거꾸로 입거나 바지 지퍼를 채우지 않고 나갈 것이고, 회사는 내가 없으면 망할 것이라고 믿었다.

친구는 내가 없으면 외로워 죽을 것이고, 부모님은 내가 없으면 슬퍼서 못 살 것이고, 출판사는 내가 없으면 문을 닫아야 할 것이라고, 아니 뭐 그건 아니지만 대충 그렇게 믿었다. 어느 순간부터는 차나 비행기를 탈 때마다 내가 사고의 가능성을 걱정하지 않으면 정말로 사고가 날 것 같은 불안과 망상에 사로잡히기도 했다. 그래서 나는 잘해야 했다. 기를 쓰고 잘해야 했다. 걱정마저도 잘해야 했다. 40여 년 동안 그렇게 기를 쓰고 산 결과, 이 지경에 이른 것이다.

침을 맞고 약을 지어 한의원을 나오는데 요즘 들어 느껴본 적 없는 후련한 기분이 들었다. 사람들이 상담이나 심리치료 같은 것을 받는 이유가 이런 거구나. 나는 남들 앞에서 우는 모습을 보이는 것만큼이나 상담이나 심리치료도 질색이었다. 내 문제야 내가 제일 잘 아는데 왜 굳이 남에게 그런 얘기를 털어놓아야 하지? 그보다 더 싫은 것은 누군가가 딱한 눈으로 나를 분석하는 거였다. 나를 잘 알지도 못하는 이에게서 이래라저래라 설교를 들어야 한다는 상상만으로도 소름이 다 끼쳤다.
　어떤 사람들에게 나는 '솔직한' 사람으로 보일 테지만

사실은 그렇지 않다는 것을 내가 가장 잘 알고 있다. 내가 솔직한 사람일 때는 스스로 솔직하기로 결정한 부분에서만이다. 그 외의 부분들에는 솔직하기는커녕 누구에게 들킬까 밤낮으로 전전긍긍한다. 조언도 충고도 잔소리도 질색이다. 그리고 나는 그 오만함과 과한 자기방어가 사태를 더 악화시켰다고 생각한다.

그런데 실제로 누군가에게 내 힘듦을 토로하는 것은, 누가 나를 알아주는 것은, 내 이야기를 진지하게 들어주는 사람을 앞에 두는 것은 썩 괜찮은 경험이었다. 혀에는 별 차도가 없었지만 어찌됐든 도움을 요청해야겠다는 마음이 들었다는 점에서는 진전이 있었다. 그날 이후 한의원에 갈 때마다 선생님이 "화이팅!"이라고 소리쳐서 괴롭기는 했지만.

그러고 나서도 내게 문제가 있다는 것을, 내 뇌 속의 어떤 부분이 살짝 고장나 있다는 것을 아는 데에는 시간이 좀더 걸렸다. 혀가 아니라 마음의 문제라는 것을 받아들이기까지 이런저런 곤란을 더 통과해야 했다.

두어 달 동안 사람들을 만나는 것조차 힘들어 피해 다녔다. 퇴근 후 집에 돌아오면 곧장 진통제를 먹고 잠자리에 들었다. 어느 날은 대낮까지 침대에 누워 죽는 문제에 대해 진지하고 집요하게 궁리했다. 이상한 일이었다. 나는 지금껏 단 한 번도 죽고 싶은 적이 없었다. 아무리 우울해도 죽고 싶지는 않았다. 언제나 사는 것이 너무 좋아서 영원히 살지 못한다는 생각만 해도 슬퍼질 지경이었다. 그러나 그때는 앞으로 내게 닥칠지 모를 온갖 고통에 대한 망상이 머리를 뒤덮고 있어, 그렇게 끔찍한 일을 겪느니 그 전에 깔끔하게 죽는 게 현명하겠다는 판단을 내릴 수밖에 없었다.

그때의 마음은 슬픈 것도 아니고 감상에 빠진 것도 아니었다. 그건 오히려 시험지를 앞에 두고 1, 2, 3, 4, 5번 중에서 차분히 답을 고르는 우등생의 마음에 가까웠다. 내 망상이 너무나 끔찍했기 때문에 죽기로 결정한 선택은 무척이나 합리적이었다. 지금 돌이켜보면 그때의 내 뇌가 단단히 잘못되었었구나, 싶다. 그것은 살고자 하는, 나아지고자 하는 의지가 있고 없고의 문제가 아니었다. 의지 같은 것과는 아무런 관계가 없었다.

얼마 후 이유도 없이 숨을 쉴 수 없는 공황발작을 겪었다. 그제야 정말로 큰일났다는 생각이 들었다. 나는 내 생애 절대로 없을 거라 믿었던 일을 했다. 내 발로 정신건강의학과를 찾아간 것이다. 병원에서 우울증 테스트와 뇌파검사 같은 것을 받은 후 내가 심한 불안장애를 겪고 있으며 우울증은 그로 인한 부수적인 결과라는 걸 알게 됐다. 의사는 내 머릿속이 온통 잡생각으로 가득차서 빈틈이 없을 정도라고 했다. 그는 앞으로 1년 반 동안 약물 치료를 해나가면서 불안장애를 뿌리 뽑아보자고 했다.

얼마 전 그 1년 반의 시간이 지났다. 치료는 끝이 났다. 의사는 마지막 약 한 달 치를 처방하며 더이상의 진료는 없다고 했다. 나는 집요할 정도로 성실한 환자라서 1년 반 동안 한 번도 진료를 빼먹은 적이 없고 한 번도 약 먹는 것을 잊은 적이 없다.

공황발작은 그 이후로 겪지 않았다. 약을 먹고 얼마 후부터 깨지 않고 잘 자게 됐다. 이유 없이 기분이 급강하하는 일도 거의 사라졌다. (평생 이 문제 때문에 힘들었는데 이렇게 쉽게 사라지다니.) 꼬리에 꼬리를 물던 잡생각도 예전에 비하면 한결 줄었다. 혀는 여전히 쓰리다. 그러나 달라진 게 있다면 대부분의 시간에는 그 감각을 인지하지 못한다는 것이다.

그보다 더 큰 변화는 그것을 통증이라고 생각하지 않

게 되었다는 점이다. '혀가 쓰린 것=고통'이라는 공식이 깨져버렸다. 어떻게 그렇게 됐을까? 그저 익숙해져서일 수도 있고 적절한 때에 적절하게 치료를 받아서일 수도 있다. 그 덕분에 증세에 불안을 느껴 그것에 더 집중하게 되는 악순환의 고리를 빠르게 끊어낼 수 있었다. 감정이 안정되자 통증에 대한 집착도 자연스럽게 줄었다.

물론 약만으로 모든 것이 가능하지는 않았다. 딱히 불안하고 우울할 이유가 없는 인생이라는 점도 비교적 빠른 회복에 도움이 되었다. 전세사기를 당한 친구는 나의 베프였지만 그렇다고 내가 사기를 당한 것도 아니고 내 돈을 잃을 뻔한 것도 아니었다. 아이들도 건강하게 잘 자라고 있었고 부부 사이도 나쁘지 않았으며 저축액도 꾸준히 늘고 있었다. 부모님도 건강하게 잘 지내고 계셨고 내 주변에는 어느 때보다 좋은 친구들이 많았다. 글 쓰는 일을 하는 덕분에 모르는 이들로부터 과분한 호의까지 받고 있었다.

약이 불안 증세를 가라앉혀주자 안정적인 감정 상태를 바탕으로 건강하게 살기 위해 노력할 수 있었다. 지금 나에게 가장 시급한 것은 과도한 책임감을 더는 일이었다. 내 인생 처음으로 무엇이든 하지 않기 위해 노력했다. 평소에는 아침 열 시부터 저녁 여섯 시까지 쉬지 않고 일해야 한다는 강박이 있었지만, 그때부터는 동료들보다 늦게 출근해(물론 그 시간에는 글 쓰는 일을 하지만) 다섯 시쯤 슬슬 퇴근할 준비를 했다. 주말이면 산으로도 가고 들로도 갔다. 제대로 쉬기 위해서는 환경을 바꾸는 게 효과적이었고 특히 자연 속에 있을 때가 가장 좋았다.

그러나 우울증 탈출에 가장 효과가 좋았던 방법은 이거였다. 나는 TV 예능 프로그램을 (시끄러워서) 잘 보지 않았는데 그 무렵에는 일부러 그런 프로그램을 챙겨 보곤 했다. 생각 없이 시간을 흘려보내는 법을 잊어버렸기 때문이다. 그런 것마저 나는 배워야 했다. 어느 날은 〈나 혼자 산다〉의 건강검진 편을 보다가, 출연자들이 대장내시경 검사 후 회복실에서 헛소리를 하는 장면에서 배를 쥐고 눈물을 흘리며 구르듯이 웃었다. 그리고 나자 놀랍게도 수개월간 가슴 언저리에 얹혀 있던 검고 묵직한 덩어리 같은 것이 쑥 내려간 기분이 들었다. 그 후 나를 괴롭혔던 우울감이 사라져버렸다. 나 스스로도 어이가 없을 정도였다.

이것이 내가 지난 몇 년간 겪은 일의 개략적인 보고다. 아아 피로하다. 병 이야기는 이걸로 끝이다. 적어도 이 이야기를 공적인 자리에서 다시 말하고 싶지는 않다.

이제 내 병적인 불안 증세가 완벽하게 뿌리 뽑혔느냐 하면, 그렇지는 않다. 사실 이 글을 수정하는 동안 불안장애가 재발해 다시 치료를 받게 됐다. 첫 번째 치료가 끝난 지 반년 만의 일이다. 의사의 말로는 20대에 발병해서 빠르게 치료를 받는다면 완치될 가능성이 높지만 내 경우엔 나이가 있기 때문에 아무래도 재발할 수 있다고 한다.

그러나 절망적이지는 않다. 불안에 대책 없이 쫓겨다니던 예전과는 달리 이제는 경험과 치료를 통해 어떻게 대처해야 할지 알고 있기 때문이다. 다시 1년 동안 약을 먹게 되었지만, 이렇게 계속 주저앉고 다시 일어서기를 반복하다보면 조금씩, 조금씩 더 좋아지지 않을까 생각한다. 물론 이런 낙관적인 희망을 품을 수 있는 것도 투약의 힘이다.

나는 이미 수십 년간 불안과 함께 살아왔다. 그러다 어느 순간 너무 힘이 세진 불안이 애니메이션 〈인사이드 아웃2〉에서처럼 내 뇌의 컨트롤 타워에 올라앉게 되었다.

(내가 더는 사춘기 소녀가 아니라는 사실만 다를 뿐.) 그렇게 불안에 호되게 당하고 나서야 나는 그것을 다루는 법을 배우고 연습하고 깨우치고 있다.

불안과 함께 사는 법을 배우는 일은, 지긋지긋할 정도로 잘 안다고 믿었던 나 자신을 새롭게 발견하는 일과 같았다. 주변의 타인들을 새롭게 인식하고, 그들과 새로운 관계를 맺으며, 내게 주어진 이 세상을 새롭게 살아가는 법을 배우는 일과도 같았다. 40년도 더 산 후에야 이렇게 할 수 있게 되다니, 인생이란 얼마나 길고… 또 예측 불가능한가!

이제라도 그 일을 할 수 있어 다행이다. 무엇보다 다시는 어디 가서 이런 이야기를 하지 않아도 된다는 것이 가장 다행이다. ("아, 그 얘기는 책에 다 있습니다.") 정말이지 나의 병 이야기를 하는 것은 재미가 없다.

"많이 힘든가보네. 뭐가 그렇게 힘들어요?"

마음의 노래 Track 01

이소라, 〈Track 11〉

아주 오래전에 나온 이 노래를 최근에 다시 듣게 됐습니다. 오후 4시, MBC FM4U의 '완벽한 하루 이상순입니다'에서 듣고 나서예요. 이상순이 진행하는 이 프로그램은 '배철수의 음악캠프'에 이어 또 하나의 제 최애 라디오가 됐습니다. 무엇보다 라디오의 기본인 선곡이 너무나 좋아요. 내 플레이리스트를 훔쳐봤나 싶을 정도로 좋아하는 곡이 많고, 플레이리스트에 추가하고 싶은 곡도 많이 알게 됐습니다. 이상순의 편안하면서도 능청스러운 진행도 일품이고요. 전에는 이상순을 '이효리가 결혼할 정도로 성격 좋은 남자'라고만 생각했는데, 유머 감각도 뛰어난 남자더군요. 상대를 불편하게 하지 않으면서 자신의 색깔을 잃지 않는 사람이라는 생각이 듭니다. 음, 역시 이효리 씨는 남자 보는 눈이… 아니, 곡 소개는 안 하고 뭘 하는 겁니까. 아무튼 이소라의 〈Track 11〉을 들으면 슬프면서도 힘이 납니다. 서정적이면서도 날카로워요. 제 구차한 병 이야기도 그렇게 쓸 수 있기를 바랐습니다. 그렇게 읽힐 수 있기를 바랍니다.

나와 숫자들

어느 날부터 몸무게를 재지 않기 시작했다.

기억이 나지 않을 정도로 오랫동안 나의 아침 루틴은 눈뜨자마자 화장실에 갔다가 몸무게를 재는 것이었다. 1그램의 무게라도 줄여보고자 속옷만 입고 쟀다. 어느 날은 0.5킬로그램 정도가 줄어 있었고, 어느 날은 1킬로그램이 늘어 있었다. 어제보다 1그램이라도 줄었을 때는 성적이 조금, 아주 조금이라도 오른 학생의 기분이었으나 그런 날은 드물었다. 가끔 기분이 좋고 자주 기분이 더러웠다. 솔직히 아침마다 최악의 성적표를 받는 듯했다.

나는 그렇게 매일 아침을 더러운 기분으로 시작했다. 누가 시키지 않았는데 자진해서. 그럼에도 그날그날의 체중은 아이폰 건강 앱에 착실하게 기록했다. 정성껏 오답 노트를 만드는 성실한 학생처럼 그렇게 했다. 그러나 오답 노트에 너무 정성을 들이다보면 정작 성적과는 먼 길로 가게 되고 만다. 오답 노트 만들기와 성적 향상은 어느 정도 관련이 있기야 하겠지만 그렇다고 반드시 인과관계가 있는 것은 아니다. 그러니 오답 노트를 만들 정성으로 공부를 하라. 필사 노트를 꾸밀 시간에 나의 글을 쓰라.

20대에 비해 평균 몸무게가 7킬로그램 정도 늘었다. 특별히 과식하거나 폭식하지 않는다(고 생각한다). 심지어 위장 기능이 떨어져 예전에 먹던 양의 삼분의 일밖에 못 먹는다. 그러나 생존에 필요한 열량만 채워도 밤사이 성실하게 쌓인 지방 덕에 배와 허리가 제방처럼 두둑하다. 적당히 먹으면 살이 안 찐다고들 하지만 그것도 30대 중반까지다. 40대에 접어들고부터는 내가 그 '적당히'에 적응하는 속도보다 '적당히'가 줄어드는 속도가 더 빠르다. 마흔 이후로 나는 내 몸의 변화 속도에 적응하느라 허덕대고 있다.

단지 '늙어서'가 이유는 아닐 것이다. 몸의 변화에 더해 먹는 즐거움이 너무 커진 탓도 있다. 여행만 다녀오면 살이 찐다는 게 극명한 예다. 20대까지만 해도 여행 후에는 늘 살이 빠졌다. 출발할 때 꽉 끼던 바지가 돌아올 때는 헐렁해지는 일이 다반사였다. 고생을 많이 해서였다. 그때는 맛집을 찾아다니는 데는 전혀 관심이 없었고 오로지 낯선 곳에서 진기한 체험을 하는 데 혈안이 돼 있었다. 물론 한 번에 먹는 양이야 지금보다 많았지만 이렇게 꼬박꼬박 삼시 세끼에 디저트, 야식까지 야무지게 챙겨 먹지는 않았다. 솔직히 요즘은 먹으러 여행을 간다. 맛집 투어 때문에 늘 체중이 3킬로그램은 늘어서 돌아오고 그 3킬로그램은 좀처럼 빠지지 않는다.

저녁만 되면 배가 출출하고 입이 심심하다. 뭐 재미있는 일 없나 싶은데 딱히 재미있을 일이 없으니 술이라도 마셔야 한다. 술 한 잔을 들이켜면 엔도르핀이 돌다가 어느 순간 나른해지면서 십중팔구 식욕이 솟구친다. 먹다 남은 새우깡과 냉동실에 장기 보관 중인 쥐포 같은 것들이 떠오른다. 아 모르겠다. 그냥 먹자. 입에 넣자마자 뇌가 기뻐하는 게 느껴진다. 매일 밤 그렇게 먹은 대가는 다음 날 아침 체중계 위에 정확하게 찍힌다. 망했다.

그러던 어느 날 몇 년간 아이폰의 건강 앱에 기록한 몸무게를 그래프로 보고 있는데 이미 알고 있지만 외면하고 싶던 사실이 뼈를 때렸다. 그렇게 매일 아침 성실하게 쟀으나 몸무게는 언제나 1~2킬로그램의 범위를 벗어나지 않았던 것이다. 20킬로그램도, 10킬로그램도, 심지어 5킬로그램도 아니고 기껏해야 1, 2킬로그램이었다. 그러나 나는 언제나 지금보다 3킬로그램만, 지금보다 5킬로그램만을 초조하게 외치면서 체중계 위에 올랐던 것이다. 노력 없는 결실을 바라는 행위였다. 그리고 나는 이 바보 같은 행위에 득보다는 실이 더 많다는 걸 깨달았다.

물론 더이상 체중을 재지 않으면 몸무게가 기하급수적으로 늘어나 결국에는 돌이킬 수 없는 숫자를 기록할 것만 같아 겁이 나기는 했다. 하지만 내가 먹는 양이래 봤자 그게 그거고 내가 움직이는 시간이래 봤자 그게 그거다. 나는 푸드 파이터가 되기에는 너무 늙었고(내 위장도 마찬가지로 늙었다) 마라토너가 되기에는 의지박약이다. 내 인생에 급격한 변화 따위는 좀처럼 일어나지 않을 것이며 병에 걸리지 않는 이상 이 1~2킬로그램의 좁은 범위를 벗어나기란 내 책이 백만 부 팔릴 확률보다도 낮을 것이다. 그리하여 일주일 동안 체중계 위에 올라가지 않았다가 다시 몸무게를 잰 날, 마지막으로 잰 것과 똑같은 숫자를 보고 나는 허탈하게 웃었다.

몸무게는 하루 동안 내가 어떻게 살았는지를 숫자로 기록해준다. 나는 수포자 중의 수포자에, 숫자와 수식에는 평생 적응을 못하고 있지만 그럼에도 숫자 자체를 미워하지는 않는다. 아니 숫자에 호감을 가지고 있는 편이다. 숫자는 거짓말을 하지 않으니까. 숫자에는 애매한 것이 없다. 숫자는 단순하고 확실하다. 나이테처럼 매일매일 기록되는 숫자, 내 인생의 변화를 한눈에 보여주는 아름다운 그래프, 그 우아한 직선과 곡선들.

돈 관리에는 절망적으로 재능이 없는 데다 관심도 없는 내가 할 수 있는 일은 돈이 생기면 그저 예금이나 적금 통장에 넣어두는 것뿐이다. 수익률 같은 건 거의 없다고 해도 좋지만 진득하게 참고 기다리기만 하면 어찌 됐든 모이기는 모인다. 종종 은행 앱을 켜고 내가 가진 숫자들을 확인해본다. 나의 노동력을 팔아 한 푼 두 푼 모은 숫자들과 은행이 이자로 붙여준 코딱지만 한 숫자들이 나를 안심시킨다. 그래, 이거면 최소한 몇 년은 굶어 죽지 않고 버틸 수 있어.

아무것도 보이지 않는 어둡고 텅 빈 공간을 더듬거리며 나아가는 것 같은 인생, 이 숫자들은 잠시나마 의지할 밧줄이나 기둥 같은 것이 되어준다. 나에게는 고작 이 정도면 족한데, 다 쓰고 죽지도 못할 어마어마한 숫자를 숨겨두고 있을 부자들은 어떨까? 그 사람들은 자기가 가진 숫자를 볼 때마다 어떤 기분일까? 어떤 기분이긴, 보고만 있어도 배가 부르겠지. 아니려나? 그 사람들에게도 걱정이 있고 불안이 있을까? 채우고 또 채워도 채워지지 않는 허기가 있을까? 바보 같은 질문이다.

인간에게는 누구나 자기만의 지옥이 있다.

여기까지 쓰고 4개월이 지났다. (나는 원고를 묵혀두는 데도 재능이 많다.) 그간 체중계 없이 행복하게 살았다. 이렇게 좋은 걸 왜 지금까지 스스로에게 벌이라도 주듯 매일 아침 체중계 위에 올라갔나 싶었다. 그러다 문득 몸무게가 궁금해졌다. 지난 4개월 동안 나는 거의 매일 저녁 30분씩 달리기를 한 덕에 허리에 붙은 군살이 빠지고 볼록 튀어나왔던 아랫배도 단단하게 들어가 있는 상태였다. 내가 생각하기에 내 몸은 지난 몇 년을 통틀어 최상이라 할 만했다. 기대감을 안고 체중계 위에 올라갔다. 그리고 내 몸무게는 무려… 4킬로그램이나 늘어 있었다!

충격에 휩싸여 체중계에서 내려갔다가 다시 올라가기를 반복했다. 그러나 결과는 같았다. 몇 번을 다시 재도 숫자는 그대로였다. 내 생애 (임신 기간을 제외한다면) 최고 무게였다. 본 적 없는 숫자, 용납할 수 없는 숫자였다. 도대체 어떻게 된 일일까? 매일 밤 치킨도 뜯고 피자도 둘둘 말아 쑤셔넣고 술을 퍼부었다면 억울하지나 않지. 말했다시피 매일 달리기도 하고 밥은 늘 반 공기, 간식이래 봤자 하루에 한 번 정도 쿠키나 비스킷 몇 조각이 전부, 야식은 최대한 참았다. 운동 후 마시는 맥주 한 캔과 쥐포 한 장 정도가 내 유일한 낙이었다.

그런데 대체 이 4킬로그램은 어디서 온 것인가? 설마 근육이 그만큼 붙었을 리는 없다. (나도 그 정도 양심과 지각은 있는 사람이다.) 아아, 이것이 나잇살이라는 것인가? 그러고 보니 그 무렵 찍힌 사진 속 내 얼굴은 호빵처럼 눈코입이 살에 파묻혀 있었다. 그러나 나는 '사진이 잘못 나왔다'며 그 사실을 애써 외면했던 것이다. 살기가 싫어졌다. 나는 급격하게 우울해졌다. 뇌에 경계경보가 켜졌다.

괴로움 속에서 허우적대며 이제 다시 매일 아침 몸무게를 재야겠다, 밤에 마시는 맥주는 금지다, 과자와 빵도 그만 먹어야 한다고 결심했다. 그렇게 몇 주가 지나도 좀처럼 체중은 줄어들지 않았다. 저녁도 굶고 텅 빈 배를 안고 서글픈 기분으로 잠든 다음 날에는 0.5킬로그램 정도 줄었으나, 뭐라도 하나 더 주워 먹은 날에는 보란 듯이 0.7킬로그램이 쪘다. 아아, 살기 싫다.

그런데 이런 생각이 들었다. 14킬로그램도 40킬로그램도 아니고 4킬로그램이 늘었다고 살기 싫어질 정도라면 나 좀 이상한 거 아닐까? 불안장애 치료를 받은 후 가장 달라진 점은, 어떤 상황에서 이렇게 잠시 멈춰 스스로에게 질문할 수 있게 되었다는 것이다. 그러게, 나는 왜 이렇게 살찌지 않고 싶어하는 걸까? 물론 적당한 몸무게를 유지하는 것은 좋다. 건강을 위해서도 그렇다. 살이 찌지 않으면 옷을 새로 사지 않아도 된다. 날씬하면 같은 옷을 입어도 태가 난다. 앉을 때마다 뱃살이 겹치는 것보다는 군살 없는 상태가 기분 좋기도 하다. 그런데 그걸 위해서 이렇게 기분이 나빠야 한다면 문제가 있는 거 아닐까?

요즘 나는 딱 기분 좋을 정도로 먹고, 너무 많이 먹어 부담스럽고 기분 나쁜 상태가 되지 않기 위해 스스로 절제하며 살고 있다. 이보다 더 적게 먹어야 한다면 삶의 낙이 없어 슬프고 우울하고 화가 날 것 같은데, 꼭 그렇게까지 해야 할까? 밤마다 배고파하면서 잠들어야 한다면, 먹고 싶은 음식 앞에서 참고 또 참아야만 한다면, 많이 먹은 후에는 늘 자책해야 한다면, 그렇게 애써 살을 빼야 한다면 그것도 좀 이상한 일이 아닌가? 아니 세상에는 그보다 더 중요하고 시급한 일들이 훨씬 더 많지 않은가? 그러나 나는 내 귀한 에너지의 상당 부분을 다이어트(에 대한 집념)에 할애하고 있다. 그야말로 에너지 낭비다.

요즘 엄마는 뒤늦게 육아 프로그램을 열심히 본다. 엄마는 그런 사람이다. 세상살이에 정답이 있기를 바라고 그걸 따라 하면 삶이 무리 없이 굴러갈 거라 기대하는 사람. 순진하고 갑갑한 모범생. 나에게도 엄마의 그런 면이 있다. 엄마는 만날 때마다 그 프로그램에서 본 부모와 아이들 이야기를 한다. 엄마의 결론은 늘 이것이다. "내가 너무 미안해. 그땐 그걸 몰랐어."

엄마의 딸은 이제 오십이 다 되어가는데도 엄마는 나를 언제나 그 옛날의 아기로 본다. 언젠가 그 프로그램에서 오은영 박사가 아이의 외모를 칭찬도 하지 말고 지적도 하지 말라고 하는 이야기를 나도 들은 적이 있다. 엄마도 그걸 봤는지 요즘은 나에게 칭찬도 지적도 하지 않는다. 놀라운 변화다. 나는 무려 40여 년을 엄마 앞에 설 때마다 긴장해야 했다. 나 살이 찐 걸까? 머리가 안 어울리는 걸까? 화장은? 옷차림이 뭔가 잘못됐나?

 엄마는 언제나 나를 관찰하며 오늘은 내가 예쁜지 아니면 미운지를 이야기해주었다. 그게 엄마의 의무라도 되는 것처럼 그렇게 했다. 초등학교에 들어가기 전에 엄마는 책상에 팔꿈치를 괴고 싶으면 손수건부터 깔아야 한다고 조언했다. 공주 드레스를 입고 팔꿈치를 괴지 않고 남이 건드린 음식에는 절대 입을 대지 않는 나는 그래서 잠시 따돌림을 당했다.
 얼마나 다행인가. 학교에 다니지 않았더라면 내가 얼마나 재수없는 인간인지 몰랐을 것이다. (내게 공주 드레스가 어울리지 않는다는 사실도 몰랐을 것이다.) 나는 엄마에게서 배운 것으로 살아가는 동시에, 엄마에게서 배운 것들을 부숴가며 살아왔다. 그 일은 쉽지 않아서 나는 언제나 나를 평가한다. 엄마의 눈으로 그렇게 한다.
 그래서 엄마가 나에게 아무런 말도 하지 않자 오히려 그게 어색해졌다. 분명 눈으로는 다 말하고 있는데 왜 입으로는 아무 말도 하지 않지? 무슨 말이라도 해줘. 너 요즘 살쪘다고, 오늘 입은 그 옷 정말 안 어울린다고, 머리를 이렇게 해보라고, 피부과에 가보라고.

그런 엄마에게 적응하려면 내게도 시간이 필요하다. 어떤 얼굴과 어떤 몸과 어떤 차림으로도 나 자신이 그럭저럭 괜찮은 존재라고 인정하기까지, 아니 그런 것 따위에는 신경쓰지 않기까지 나에게도 꽤 많은 시간이 필요할 것이다.

그런데 나는 내 딸에게 어떤 엄마일까? 나는 우리 엄마가 못했던 그 일을 잘해냈을까? 그럴 리가. 나 역시 엄마보다 좀 덜했을 뿐, 책임감에 불타 아이의 외모를 지적한 일이 한두 번이 아니다. 이건 좀 과도한 참견이다 싶을 때는 입 다물고 꾹 참기 위해 노력은 했으나 내 평가의 시선을 아이는 다 느꼈을 것이다.

얼마 전에 계산해봤는데 내 한국식 나이는 48세였다. 아악 이럴 수가. 그렇다면 나는 2년 후 50세가 된다. 모르는 새 4킬로그램이 찐 것만큼이나 모르는 새 48세가 된 것도 충격이었다.

그러게, 노화는 점점 더 박차를 가해서 있는 줄도 몰랐던 잡티가 장마철 버섯처럼 무럭무럭 자라 검버섯이 될 기세고, 팔자주름은 점점 깊어져서 마음속 수심을 밖으로 끄집어내고 있으며, 한때 헤어밴드를 다 터뜨리던 머리숱은 한줌밖에 되지 않고, 또래에 비해 거의 없던 흰머리는 이제 뭉텅이로 증식하고 있다. 눈은 하루종일 침침하고 무릎은 왜 쑤시는지 모르겠고 잇몸은 내려앉고 있으며 집요하던 기억력은 점점 나빠져서 얼마 전에는 틸다 스윈튼의 이름을 3일 동안 떠올리지도 못했다. 나 이제 어떻게 하지?

하지만 뭐 나이는 나만 먹는 게 아니고 살도 나만 찌는 게 아니니까. 한창때 젓가락처럼 비쩍 말랐던 모델이나 배우도 중년에 접어들며 군살이 붙은 것이 보이는데, 어릴 때 이후로는 말라본 적조차 없는 내가 무슨 재주로 그걸 피할 수 있겠는가. 복부 지방도, 잡티와 주름도, 흰머리와 탈모도, 시력과 기억력 감퇴도 자연스러운 노화의 현상이다. 나는 제대로 늙어가고 있는 것이다.

어떤 사람들은 세월의 야속함을 탓할 정도로 폭삭 늙어버린다. 그러나 또 어떤 사람들은 젊어서는 그냥 그랬다가 오히려 나이를 먹을수록 분위기 있는 사람이 된다. 그 차이는 무엇일까? 어쩌면 살이 찐 것과 살이 찌지 않은 것에 있을까? 그것도 이유 중의 하나겠지. 하지만 살이 적당히 붙어 오히려 중후한 인상이 된 사람도 있다.

그렇다면 그 이유는 그간 어떤 삶을 살아왔는지에 있지 않을까? 그런데 그 어떤 삶이란 대체 '어떤 삶'일까? 어떤 삶을 살아야, 어떠한 시간을 살아야 숫자로는 잴 수 없는 외면과 내면을 가질 수 있을까? 어떤 삶을 살아야 그 모든 숫자를 내 편으로 만들 수 있을까?

지금부터 나의 과제는 '잘 나이드는 것'이다. '좋은 어른'까지는 어렵겠지만, 사실 '좋은' 뭔가가 되려는 것 자체가 음흉한 야심 같고, 그냥 그럭저럭 나쁘지 않은 정도의 어른이 되는 것이다. 그렇게 되는 것도 쉽지 않다. 정말 쉽지 않다.

나는 내 노년의 롤모델로 적당한 이들을 찾아본다. 놀랍게도 없다. 아무도 없다. 몇몇 이들의 얼굴이 떠오르기는 한다. 하지만 몇 발짝 건너에서 바라본 그 사람과 한 발짝 앞에서 본 그 사람은 다를 때가 태반이었다.

지금 존경받는 '어른'이라는 이들 역시 가까이에서 보면 온갖 흠결들이 보이지 않을 리 없다. 하지만 나, 한국 나이로 48세, 만 나이로 46세의 아주머니는 그 사실에 절망하지 않는다. 냉소하지도 않는다. 절망도 냉소도 이 나이에는 어울리지 않는다. 그저 그런 것이 인간임을 인정할 뿐이다.

누군가의 눈에는 나 역시 그런 인간일 것이다. 멀리서 보면 괜찮은 사람, 가까이서 보면 짜증스러운 사람. 사람은 역시 조금 멀리서, 흐린 눈으로 볼 때가 가장 좋다. 그러고 보면 인간을 사랑하는 데는 박애심과 너른 마음보다는 적당한 거리와 나쁜 시력이 필요한 것 같다.

그래서 나는 그저 내 나름의 롤모델을, 존재하지 않는 인간을 창조해보기로 한다. 내가 본 나이든 이들이 가진 좋은 점들을 모은 새로운 인간을 창조해보기로 한다. 그런 사람이 되어보기로 한다. 아니 잠깐, 나는 왜 늘 내가 아닌 다른 사람이 되려 하는 걸까? 머릿속이 복잡하다.

그런데 말이다. 나이보다 몇 년 더 젊어 보이는 데는 무시할 수 없는 게 하나 더 있다. 그것은 바로 좋은 피부다. 우리 아빠는 60대에 엄마의 성화에 못 이겨 태어나서 처음으로 레이저 시술로 얼굴에 있던 온갖 잡티와 검버섯을 없앴다. 그 후로 10년은 더 젊어 보인다. 역시 관리의 힘이란…. (착잡하다.)

참고로 우리 동네 시장통 H산부인과는 고령화로 장사가 안 되어 레이저로 점과 검버섯과 쥐젖을 제거해주는 시술에 주력하고 있다. 동네 할머니들의 검버섯 제거 핫

플로 입소문 난 이 병원은 점 하나 빼는 데 고작 천 원이다. 어우 싸다 싸.

얼마 전에는 우리 시아버님도 그 병원에서 무려 15만 원어치나 시술을 받고 얼굴이 아주 깨끗하고 보기 좋아지셨다. 좋아, 나도 50세가 되면 기념으로 잡티와 기미를 제거해야겠다. 늙으면 어차피 더 못생겨질 테니 조금만 덜 못생겨질 수 있도록 그 정도는 해도 괜찮겠지? 그렇겠지?

어떤 삶을 살아야, 어떠한 시간을
살아야 숫자로는 잴 수 없는 외면과
내면을 가질 수 있는 걸까?
어떤 삶을 살아야 그 모든 숫자를
내 편으로 만들 수 있을까?

마음의 노래　　　　　Track 02

Remi Wolf, 〈Liz〉

이런 글을 쓰고 난 후에는 나이든 가수의 노래를 추천해야 할 것 같은데, 이번에는 제가 아는 가장 젊은 노래를 추천해야겠습니다. 저는 이 노래를 들을 때마다 너무나 신이 나요. 리듬 위에서 자유로운 한 여자아이가 있습니다. 발을 구르고 빙글빙글 돌고 폴짝 뛰고 몸을 젖히는, 살금살금 기어다니듯 노래를 부르다가 갑자기 오만상을 다 찌푸리며 소리를 지르는 그런 여자아이요. 들을 때마다 이런 것을 재능이라고 하는 거로군, 하는 생각이 듭니다. 이런 노래를 들을 때 저는 나이도 잊고 몸무게도 잊고 통장 잔액도 잊어버립니다. 그러게, 그러면 되는 거 아닐까요?

쇼콜라케이크 맛 나의 가난

 오래전, 우리는 젊고 가난했다. 첫 에세이집인 『온전히 나답게』라는 책이 나올 무렵이었다.
 20대에 결혼을 해서 서른이 되기 전에 두 아이의 부모가 됐다. 나는 결혼 전부터 일하던 잡지사에 계속 다니고 있었는데, 둘째를 임신한 후 육아에 전념하겠다는 핑계로 (사실은 일하는 게 너무 싫어서) 회사를 그만뒀다. 그와 동시에 남편이 일하던 해운업계는 최악의 불황을 맞아 월급이 끝 모르게 깎였다. 결국 남편은 이직을 선택했으나 한 번의 이직은 계속된 이직을 불러 30대 초반에 그의 경력은 엉망진창이 되었다.
 그 무렵 아파트 전세 계약 갱신일이 다가오고 있었다. 주인은 전세 보증금을 2천만 원 더 올리겠다고 했다. 나는 심란한 마음으로 유아차를 밀고 다니며 더 작은 평수의 아파트 몇 군데를 둘러보았다. 그 집들에는 아이들이 기어다닐 공간조차 없어 보였다. 며칠 동안 머리를 쥐어뜯다가 문득 이런 생각이 들었다. 꼭 아파트에 살아야 할 필요는 없잖아?

그러게, 왜 꼭 아파트에 살아야 하지? 너는 심지어 아파트를 좋아하지도 않았잖아. 이참에 늘 동경하던 단독주택으로 이사 가보는 건 어떨까? 마당이 있는 단독주택 말이야. 낯설고 새로운 모든 것을 두려워하면서도 모험심과 호기심이 강한 나는 당장 단독주택을 알아보러 나섰다. 우리가 살던 평촌의 아파트 단지에서 개천을 건너 산 쪽으로 한참을 올라가니, 지금껏 있는 줄도 몰랐던 오래된 주택가가 있었다. 나는 그 동네의 골목 안쪽에서 전세금이 아파트의 절반밖에 안 되는 낡은 단독주택을 찾아냈다. 그 집에는 심지어 손바닥만 한, 정말로 손바닥만 한 마당도 있었다. 북유럽도 아닌데 11월부터 4월까지 겨울이던 그 집에서 기저귀도 못 뗀 아기 둘과 텐트까지 치고 7년을 살았다.

그 무렵 우리는 한 달에 150만 원의 생활비로 가계를 꾸려나가야 했다. 150만 원은 당시 4인 가족의 최저생계비 수준이었다. 최저생계비는 최저생계비, 그러니까 4인 가족이 대한민국 사회에서 살아남기 위한 최저선이었다. 우리는 그렇게 가난했다. 그러나 동시에 우리는 별로 가난하지 않았다.

그 시절 우리의 가난이라는 것은 어딘지 낭만적인 데가 있었다. 그 가난은 뭐랄까… 막막한 동시에 깔끔했다. 텅 빈 찬장처럼 막막하고 깔끔했다. 그럴 수 있었던 이유는 역시 젊음 덕분이었을 것이다. 서른 무렵의 우리는 건강했고, (딱히 쓸모는 없었지만) 대학 졸업장이 있었다. 두 아이 역시 별 탈없이 잘 자라고 있었다. 양가 부모님의 형편은 우리보다 나았다. 그래서 그냥 우리만 잘하면 됐다.

무엇보다 우리의 가난이 깔끔할 수 있었던 결정적인 이유는 빚이 없어서였을 것이다. 빚이 없으니 레고 블록처럼 바닥에서부터 하나씩 쌓아올리기만 하면 됐다. 어떻게, 어떤 모양으로 쌓아올리느냐가 문제일 뿐이었다. 좋게 보면 모든 것이 다행인 상황이었다. 내가 뭘 잘해서가 아니라, 직업이 불확실하고 돈이 없다는 것만 제외하면 우리의 인생에는 미약하나마 지속적인 순풍이 불고 있었다는 뜻이다. 그렇지 않은가? 이 세상에는 불운이 차고 넘친다. 물론 이렇게 쓰는 것은 우리의 좋은 운을 자랑하기 위해서가 아님을 이해하시리라 믿는다.

　지금이야 남 얘기하듯 쓸 수 있지만, 그때는 우리도 걱정과 불안에 매일같이 밤잠을 설쳐야 했다. 아무리 머리를 쥐어짜도 어떻게 살아야 할지 답이 안 나왔다. 다음 달 가스요금을 못 내면 어떻게 하지? 밀린 국민연금은 또 어떻게 하지? 이렇게 살다가 아이들 대학 등록금마저 마련하지 못하면 어떻게 하지? 그 막막한 심정은 여전히 마음 깊은 곳에 숨어 있다가 종종 다시 나타나 나를 뒤흔들어놓곤 한다. 가난은 첫사랑처럼 끝나지 않는다.

　나는 날마다 책상 앞에 앉아 줄일 수 있는 생활비를 천 원 단위까지 계산하고 또 계산했다. 전에는 매일같이 드나들던 마트와 백화점에 발을 끊고 주말마다 시장에 가서 장을 봤다. 아이들의 옷은 얻어 입히거나 벼룩시장을 이용했다. 수돗물을 끓여 보리차로 마셨고 여행 갈 일이 있으면 일찍 일어나 도시락을 쌌으며 외식은 일주일에 한 번, 맥도날드에 가는 게 거의 전부였다. 애써 씩씩한 척했지만 내가 살 수 없는 모든 물건이 내 마음을 힘들게 했다. 10년 후, 아니 5년 후도 내다볼 수 없는 상황에 머릿속이 늘 어지러웠다.

게다가 여윳돈이 없으면 매 순간을 긴장한 상태로 살아가게 된다. 돌발 상황에는 대개 돈이 들기에 그런 일이 일어나지 않도록 만반의 준비를 해둬야 하는 것이다. 이를테면 가난한 가정에서는 이런 일이 비일비재하다.

아이들과 함께 공원에 간다. 배가 출출하다. 다른 가족들이 공원 옆 비싼 식당의 야외 테이블에 앉아 맛있는 음식을 먹고 있다. 나도 저것이 먹고 싶다. 아이들도 그런 것 같다. 남편이 식당 앞에 놓인 메뉴판을 꼼꼼히 살핀다. 대개의 경우 너무 비싸다며 등을 돌려 나온다. 아니면 그중에서 가장 싼 메뉴를 누구 코에 붙이나 싶은 양으로 주문해 넷이서 나눠 먹는다. 배부르게 먹는 일은 흔치 않다. 다 먹고 나서도 입맛을 다시며 서로의 눈길을 피한다. 마음의 폭이 계속해서 좁아진다. 내가 어쩌다가 저렇게 좀스러운 인간과 결혼했나 싶고, 우리가 어쩌다가 이 지경까지 떨어졌나 싶다.

그런 불상사가 생기지 않도록 나는 외출하기 전 언제나 도시락을 넉넉하게 쌌다. 아이들이 갑자기 분수대에 뛰어들어 젖거나, 음식을 뒤집어쓰거나, 옷에 실례를 할 때도 있었는데, 그럴 때도 눈에 보이는 옷 가게에 들어가 새 옷을 사 입힐 수 없으니 여벌 옷을 항상 챙겨 다녔다.

우리에게는 돌발상황이, 변수가 가장 무서운 것이었다. 그 시절 나는 적진을 코앞에 둔 야전 사령관처럼 살았다.

그러나 그보다 더 위험한 건 이런 것이었다. 어느 날은 아이들과 공원에 앉아 있는데(돈이 없으니 늘 공원에 있었다) 한 우유 회사의 신입사원으로 보이는 젊은 남자 둘이 다가왔다. 막 취업에 성공한 듯한 그들은 나를 '어머니'라 부르며 우유 배달 홍보를 시작했다. 그들은 아이들 우윳값으로 한 달에 얼마를 쓰느냐고 묻더니 1~2만 원만 더 쓰면 더 좋은 우유를 먹일 수 있다고 했다.

확신에 가득찬 그들의 태도가 내 신경을 거슬렀다. 미숙한 사회인 행세가 꼴사납게 느껴졌다. 말했다시피 그 무렵 내 마음의 폭은 채 한 뼘도 안 될 정도로 좁아져 있었다. 나는 애매한 미소를 띠며 거절의 뜻을 표했지만 순진한 청년들은 눈치 없고 집요했다. 급기야 그들은 이렇게 말했다.

"어머니로서 아이들을 위해 만 원 정도는 더 쓸 수 있는 거 아닌가요? 고작 만 원인데…."

그 순간 나는 너무나 화가 났고, 그래서 그들에게 이렇게 쏘아붙였다.

"저기요, 아직 어려서 잘 모르시나본데 아이 키우면서 빠듯하게 사는 집에서는 만 원, 이만 원도 큰 돈이에요."

그들은 그야말로 '벙찐' 표정을 지었다.

그러게. 만 원, 이만 원이 그렇게 큰 돈인가? 그때도 만 원, 이만 원이 없어 죽을 지경은 아니었다. 그러나 내 마음이 그 정도로 여유가 없었다. 매달 만 원, 이만 원이 통장에서 더 빠져나간다고 생각하니 가슴에 구멍이 뚫려 그 사이로 수돗물이라도 줄줄 새는 듯한 기분이 들었다. (아앗 수도요금!) 그래서 나는 그 사회 초년병들의 심경을—공원으로 나가 아이 엄마들에게 우유를 팔아 오라는 임무를 받고는, 있는 용기에 없는 뻔뻔함에 숨은 외향성까지 박박 긁어 내게 다가왔을 그들의 마음을—누구보다 잘 알고 있었음에도 신경질적이고 인색한 꼰대 아줌마가 될 수밖에 없었다. 애들아, 너희도 힘들겠지만 이 누나도 힘들어.

나는 점점 더 이상한 사람이 되어가고 있었다. 이제는 야전 사령관 정도가 아니라 수세에 몰려 산중 토굴에 숨어서 결사 항전을 다짐하는 테러 단체의 우두머리급이었다.

그러나 몇 년에 걸쳐 씀씀이를 줄인 생활에 적응을 해 나가자 조금씩 나름의 즐거움과 기쁨을 찾을 수 있었다. 매일 마트와 백화점에 다닐 때도 행복에 겨워 미칠 지경은 아니었기에 그걸 못 한다고 뭐 큰일이 나는 것도 아니었다. 얻어 입힌 옷으로도 아이들은 튼튼하게 잘 자랐고, 물을 끓여 마시니 페트병 쓰레기가 안 나와서 좋았다. 밥 먹듯이 외식할 때보다 일주일에 한 번 외식할 때의 기쁨이 더 컸다고 쓰려니… 좀스럽지만 사실이었다. 무엇보다 어릴 때부터 잦은 외식이라든가 쇼핑몰에서 보내는 주말, 값비싼 장난감과 호화로운 휴가에 익숙해지는 게 아이들의 건강한 정서 발달에 별 도움이 안 될 거라 생각했는데, 그렇게 하려야 할 수가 없으니 오히려 다행인지도 몰랐다.

만약 우리가 사회적으로 잘나갔다면 어땠을까? 시간과 노력이 필요한 생활의 모든 틈과 구멍을 돈으로 채워 넣었을 것이다. 그러나 우리는 사회적으로 거의 망하다시피 한 처지였기에 그럴 수가 없었다. 그래서 차이기 전에 헤어지자고 선언하는 상처받은 연인처럼, 잘리기 전에 사표를 내는 눈치 빠른 회사원처럼 "오케이, 그렇다면 우리는 이 열차에서 내리겠습니다" 하고 이런 생활을, 빚 없이 가난한 생활을 선택했던 것이다. 어쩔 수 없는 지경에 내몰리더라도 마지막 자존심은 지켜야 했던 것이다. 어쩌면 이런 것이 소위 '정신 승리'일 수도 있겠다.

기왕 정신으로나마 승리까지 하려는 김에 좀더 나가서, 그럴 때는 일종의 환상 같은 것이 필요했다. 자기 최면이라고 해도 좋다. 유치하다고 비웃어도 어쩔 수 없다. 그건 이런 것이었다.

우리는 지금 소박하고 검소한 생활을 체험하는 거야.

그때 우리의 가난은, 무라카미 하루키의 단편집 제목이기도 한 『치즈케이크 모양을 한 나의 가난』과 비슷한 그런 가난이었을 것이다. 어떤 사람에게는 어쩐지 근사한 구석이 있는 가난일 것이고, 또 어떤 사람에게는 기가 차다 못해 코웃음이 나는 가난일 것이다. 하지만 그 가난은 다른 누구도 아닌 나의 가난이었다. 그래서 나는 그 가난을 어두운색으로 칠하고 또 칠할 수만은 없었다. 나는 최선을 다해 내 인생을 지켜야 했다. 최선을 다해 내 아이들의 어린 시절을 밝혀야 했다.

그런 이야기를 쓴 『온전히 나답게』라는 책은 예상과 달리 꽤 잘 팔렸고, 그래서인지 호평만큼 혹평도 대단했다. 혹평의 요지는 대략 이러했다.

'지가 가난이 어떤 건지 뭘 안다고.'

나는 놀랐다. 정곡을 찔렸기 때문이다. 그 말은 사실이었다. 나는 가난을 몰랐다. 더 정확히 말하자. 나는 진짜 가난을 몰랐다. 나는 진짜로 가난해본 적이 없다. 그야말로 맨땅에 헤딩하며 생활을 일궈온 서민층 가정에서 자란 터라 돈은 언제나 부족했지만, 그렇다고 가난했다고 말할 수는 없다. 그때 주변에는 우리보다 더 가난한 집들이 많았다. 나는 돈이 없어 밥을 굶은 적도 없고 돈이 없어 학교에 다니기 어려웠던 적도 없고 내가 쓰지도 않은 돈을 갚느라 허덕여본 적도 없다. 나는 운이 좋았다. 그것을 잘 안다.

내가 어릴 때, 1980년대 초반까지만 해도 가난은 일상적이었다. 떠다 놓은 물그릇이 꽁꽁 얼 정도로 추운 집에서 입김을 불어 손을 녹이며 살았다. 가스레인지도 냉장고도 세탁기도 없이 단순하고 불편하게. 하지만 나만 그렇게 사는 게 아니라 집주인네도 친구들도 다들 그랬기 때문에 그게 그렇게까지 고통스럽지는 않았다. 불편이 곧 가난은 아니었던 것이다. 그러나 따뜻하고 넓은 집과 온수, 자동차와 쇼핑, 외식과 해외여행, 식기세척기와 세탁건조기가 일반적인 시대에서 불편하게 살아가는 것은 완전히 다른 문제다. 가난은 상대적 박탈감이라는 친구를 끌고 온다.

그 시절 나는 쇼콜라케이크를 자주 구웠다. 내가 쇼콜라케이크를 구울 수 있었다는 것은 내 가난을 복잡한 시선으로 회상하게 한다. 그때 우리에게 파리바게뜨에서 파는 케이크는 너무 비싸게 느껴졌다. 그걸 살 돈조차 없었다는 뜻은 아니다. 다만 우리에게는 비쌌다. 대신 우리에게는 그걸 벌충할 만큼의 시간이 넉넉했다. 달걀을 휘핑하고 오븐을 예열하고 케이크 틀에 반죽을 넣어 완성되기를 기다렸다가 식힌 다음 그 위에 생크림을 얹을 만큼의 시간은 차고도 넘쳤다.

그 시간은 기대가 부푸는 시간이었다. 식탁에서 케이크 재료를 섞는 동안 의자에 올라서서 두 눈을 반짝이며 남은 반죽을 기다리던 강아지 같은 아이들과, 오븐 속에서 케이크가 구워지는 냄새가 온 집 안에 달콤하게 퍼질 때의 말로 표현하기 힘든 기쁨이 있었다. 케이크가 완성되었을 때 다 같이 지르던 탄성과 누구도 빼앗을 수 없는 행복의 느낌 같은 것들.

이제 내게는 케이크를 구울 시간 같은 것은 없다. 나는 그 시간을 돈과 맞바꾸었다. 돈을 버느라 너무 피로한 나머지 좀처럼 케이크를 구울 마음이 솟지 않는다. 뭐, 그래도 괜찮다. 케이크는 이미 충분히 구웠다. 그리고 케이크를 구울 수 있는 시간은 곧 다시 돌아올 것이다.

돌이켜보면 우리가 어떻게 그 시절을 뚫고 나올 수 있었는지 놀랍기만 하다. 우리에게도 불운이 있었고 행운이 있었다. 모두 우리가 잘못해서 그렇게 된 것도 아니고 모두 우리가 잘해서 그렇게 된 것도 아니었다. 모든 게 나 하나의 노력 때문도 아니었고 또 모든 게 우연히 찾아든 운 때문도 아니었다. 사실은 이 모든 것이 그저 기적 같다.

지금은 그런 시절이 있었음을, 그러니까 나의 가난을 감사하게 생각한다. 추운 방에 텐트를 쳐놓고 넷이 껴안듯 누워 동화책을 읽던, 볼이 붉게 물든 아이들이 따뜻한 숨을 내쉬며 깊게 잠들던 그 겨울밤들을 소중한 기억으로 간직하고 있다.

나는 가난이라든가 가난을 대하는 태도라든가 하는 것들을 명쾌하게 설명할 지식도, 논리도, 지혜도 가지고 있지 않다. 아시겠지만 내가 그 정도로 똑똑하지는 않다. 그리하여 나는 언제나 나의 삶으로, 아니 삶이라 말하면 좀 거창하고 나의 생활로 이 모든 것을 이해해보려고 애쓸 뿐이다. 내가 이해한다고 해봤자 내 팔이 닿는 안에서만큼의 그야말로 협소한, 나쁘게 말하면 편협한 이해일 뿐일 테지만, 그럼에도 끝까지 이해해보려고 애쓸 것이다. 그것이 이 세상에 태어나 살아가는 한 인간이 할 수 있는 유일한 일이 아닐까 생각하기에.

뭐 다들 그렇겠지만, 내가 쓰는 이야기들은 언제나 그런 이야기들이다.

그리하여 나는 언제나 나의 삶으로,
아니 삶이라 말하면 좀 거창하고
나의 생활로 이 모든 것을
이해해보려고 애쓸 뿐이다.
내가 이해한다고 해봤자 그것은 내
팔이 닿는 안에서만큼의
그야말로 협소한, 나쁘게 말하면
편협한 이해일 뿐일 테지만,
그럼에도 나는 끝까지 이해해보려고
애쓸 것이다.

마음의 노래   Track 03

Carpenters, 〈Goodbye To Love〉

저희 집에는 오래전에 어딘가에서 받은 카펜터스의 〈Gold Greatest Hits〉 CD가 있습니다. 음질이 무척 좋아서 들을 때마다 감탄하곤 합니다. 보컬인 캐런 카펜터의 목소리는 따뜻한데 어쩐지 음울한 기운이 있어요. 저는 오래전 저의 가난에 대한 이야기를 조금은 슬픈 기분으로 썼습니다. 가난한 가운데서도 어떻게든 기운을 내보려, 아이들에게 좋은 추억을 남겨주려 애쓰던 젊은 날의 나를 생각하면 새삼 그 여자가 안쓰럽고 대견합니다. 하지만 첫사랑처럼 가난하던 시절도 다 지나간 것이지요. 그 시절을 잘 보내줘야 할 텐데… 또 가난해지면 어쩌나 조금 걱정이 되기도 하네요.

마음의 문제

제2장

내가 했던 모든 일과 내가 하지 않았던 모든 일을 후회하지 않는다. 이제 와서 후회해봤자 아무 소용이 없기 때문이다

수능 시험 날 늦잠 잔 아이에게는
어떤 미래가 펼쳐질까

　내 딸이 수능 시험을 못 봤다. 정확하게 써야 한다. 수능 시험을 잘 못 본 것이 아니라, 수능 시험을 아예 못 본 것이다. 수능 시험장에 들어가보지도 못한 것이다. 어떻게 그런 일이 일어났느냐고?

　수능 시험 전날, 딸은 도시락을 싸서 가야 한다고 했다. 뭘 싸줘야 하나 고민하다가 샌드위치 어때? 하고 물어봤다. 입이 짧고 소화 기능이 약한 딸은 편식은 안 하지만 그렇다고 아무거나 다 잘 먹지도 않는데 그나마 샌드위치는 좋아한다. 딸은 오케이라고 했다. 그런데 집에 햄도 없고 양상추도 없었다. 어쩌나… 냉장고를 열어보니 감자와 달걀과 마요네즈는 있었다. 오케이, 이걸로 감자샐러드를 만들어 샌드위치를 싸주자. 감자와 달걀은 부드러우니 소화도 잘될 것이다. 나는 밤늦게까지 열심히 감자샐러드를 만들었다. 내일 아침 빵에 발라 도시락 통에 담아 주기만 하면 된다.

그날 밤에는 유튜브 영상을 보다가 느지막이 잠들었다. 알람은 웬만해서는 맞춰두지 않는다. 아이들이 늦어도 일곱 시 반에는 일어나기 때문이고, 나 역시 일어나는 시간이 그즈음으로 거의 정해져 있기 때문이다. 심지어 딸은 지금껏 늦잠을 자거나 내가 깨워야 했던 적이 다섯 손가락 안에 꼽힐 정도로 알람 소리 한 번에 벌떡 일어나는 아이다. 게다가 내일은 수능 날, 긴장이 되어서라도 오래 못 잘 거라고 믿었다. 믿어서는 안 됐는데….

눈을 뜨자마자 벽에 붙은 시계를 바라봤다. 짧은 바늘이 8을 가리키고 있다. 응? 8? 8시? 8시…? 아니 그런데 왜 이렇게 조용하지? 애가 설마 벌써 가버렸나? 샌드위치는? (이 와중에 샌드위치에 집착하고 있다.) 벌떡 일어나 밖으로 나왔다. 열려 있어야 할 딸의 방문이 닫혀 있다. 나는 문을 열었다. 딸은… 자고 있다. 딸만 자고 있는 게 아니라 아들도 자고 있다. 남편도 자고 있다. 온 가족이 자고 있다.

나는 딸을 깨운 뒤 미친 듯이 샌드위치 도시락을 쌌다. (도시락 쌀 때가 아니었는데…) 그러면서 남편을 깨워 빨리 딸을 차에 태워 가라고 소리쳤다. 두 사람은 정신없는 얼굴로 집을 나섰다. 그때가 8시 10분. 네이버에 수능 시험장 입실 마감 시간을 검색했다. 8시 10분이었다. 망했다.

잠시 후 남편과 딸이 집으로 돌아왔다. 세상에. 수능을 못 보다니. 늦잠을 자서 수능을 못 보다니. 그게 내 자식이라니. 뭐라고 욕을 할 수도 없었다. 나도 수능 날 늦잠을 잔 엄마이기 때문이다. 심지어 시험장 입실 마감 시간도 몰랐던 엄마이기 때문이다. 알람조차 맞추지 않았던 엄마이기 때문이다.

매년 수능 시험 날이면 지각해서 시험을 못 보거나 경찰차나 오토바이 뒤에 탄 채 시험장으로 헐레벌떡 들어가는 수험생들이 텔레비전 뉴스에 등장한다. 그런 모습을 볼 때마다 "어우, 저 정신 빠진 것들…" 하고 욕했었다. 심지어 이번 수능 시험 전날에는 친구와 함께 "그런 애들은 시험을 봐도 소용없어, 일단 수능 날 늦잠 잤다는 자체로도 싹수가 노란 거야" 하고 침을 튀기며 큰소리도 쳤었다. 그런데 내 딸이 바로 그 정신 빠진, 싹수가 노란 애였다. 이럴 수가.

그래서 우리가 무얼 했느냐 하면, 온 가족이 식탁에 둘러앉아 도시락을 열어 샌드위치를 하나씩 나눠 먹었다. 그러면서 세상에 이런 일도 일어나는구나 하고 웃었다. 웃을 수밖에. 그럼 울겠는가?

다행히 내 딸은 수능 성적과는 관계없는 수시 전형으로 이미 입학 원서를 여섯 군데 다 넣은 상태였고, 그 여섯 군데에서 모두 대기 번호를 받았다. 정확하게 말하자면 여섯 군데 모두 탈락한 것이다. 아무튼 딸의 수능 시험은 '남들 다 보는 시험, 나도 한번 보러 가보자'의 추억 만들기에 가까웠다. 심지어 시험 준비도 전혀 하지 않았으니 뭐, 우리에게 딱히 타격일 리는 없었다. 하지만 정말 타격이 없어도 되는 거였을까? 자식을 이렇게 키워도 되는 걸까?

우리 아이들은 공부를 못한다. 그리고 나는 그 사실을 동네방네 사방팔방 전국팔도 전 세계 방방곡곡에 다 얘기하고 다닌다. 그랬더니 그거 그냥 "경기가 너무 안 좋아", "나 살쪘어", "늙으면 죽어야지"처럼 10년 전에도 5년 전에도 지금도 습관처럼 하는 말 아니냐고, 그러니까 엄살 아니냐고 묻는 사람들이 있었다. 못 믿는 것이다.

사실 나도 믿고 싶지 않다. 그러나 엄살도 과장도 뻥

도 아니다. 그것은 엄연하고도 엄정한 사실이다. 우리 아이들은 공부를 못한다. 상대적이며 절대적으로도 공부를 못한다. 이 정도로 얘기했으면 그냥 믿어주시라. 내가 내 자식 성적표까지 인증해야겠는가?

공부를 못하는 것은 죄가 아니다. 죄는 아니나 부모의 마음은 쓰리다. 우리 아이들이 공부를 못한다고 하면 아는 사람들도 모르는 사람들도 의아한 표정을 짓는다. 왜냐하면 그 애들의 부모인 우리는 공부를 못하지 않았기 때문이다.

남편은 손꼽히는 명문대를 졸업했고 나는 그냥저냥 괜찮은 대학을 졸업했다. 그리고 우리는 그 대학들에 입학하는 게 딱히 어렵지 않았다. 우리는 천재도 수재도 아니었으나 학창 시절 내내 우등생 무리에 속했다. 재수없겠지만(나도 재수없지만) 조금만 참고 들어주시라. 우리 아이들이 공부를 못하는 게 죄가 아닌 것처럼 우리가 공부를 잘했던 것도 죄는 아니니까.

사람들은 안되는 애들 아무리 시켜봤자 소용없다며, 공부 머리는 다 유전이라고 말한다. 그런 말을 들을 때마다 흠칫 놀란다. 병원에서 애들이 바뀌었나? 아니 그렇다고 하기엔 저 애들 너무 우리를 닮았어…. 아니면 양쪽 집

안에서 전설처럼 떠돌던 공부 못하는 유전자 하나가 기적적으로 내 아이들에게 대물림되었나?

그렇다면 범인은 누구인가? 학력으로 자신의 공부 머리를 증명할 기회가 없었던 아이들의 할머니 중 하나인가? 친할머니인가, 아니면 외할머니인가? 일단 돌아가신 친할머니에게 덮어씌워볼까? 아니 아니 애들 공부 하나 가지고 이거 무슨 패륜인가. 어머님, 죄송합니다.

대체 애들은 왜 공부를 못하는 걸까? 우리는 당황하고 놀라고 화가 나다 못해 급기야는 체념했으나 순간순간 단전에서부터 뭔가가 울컥 치밀어 오른다. 공부, 그게 그렇게 어려워? 잘 이해가 되지 않는다. 전국 석차 5퍼센트 이내가 그렇게 별난 일인지는 정말로 몰랐다. 그때도 나보다 더 잘하는 애들, 내가 넘보지도 못할 정도로 똑똑한 애들은 널리고 널렸으니까.

이렇게 공부 못하는 애들을 낳고 나서야 5퍼센트의 바깥이, 그러니까 95퍼센트의 세계가 눈에 들어온다. 그간 나는 그 넓은 세계가 존재하지 않는 듯이 살았다. 으음, 역시 재수가 없다. 하지만 사람은 자신이 살아온 인생의 바깥은 이해하기 어렵다는 걸 인정할 수밖에 없다. 나는 공부 못하는 아이의 마음을 모른다. 공부를 왜 못하는지 모른다. 그게 나의 오만하고도 슬픈 한계다. 나는 공부는 잘했는지 몰라도 머리는 나쁜 사람인 것이다.

그나마 대학 입시를 준비하기 전까지는 그래도 언젠가는 쟤들 머리도 트이지 않을까 실낱같은 희망을 품었으나, 그것은 길 가다가 누가 옥상에서 던진 벽돌에 머리를 맞고도 기적적으로 상해를 입지 않고 오히려 지능지수가 50 정도 상승하는 것과 마찬가지의 일이었다. 우리는 조금씩 조금씩 기대의 수준을 낮춰갔다. 그런데 막상 입시 준비(라고 할 것도 없는 준비)를 하면서 나는 내 아이들이 공부를 못한다는 것보다 더 무시무시한 사실을 깨달았다. 바로 내가 지독한 학벌 지상주의자였다는 사실이다.

처음에 아이가 "이 대학은 어때?" 하고 어느 대학의 이름을 가져왔을 때 나는 경악했다. "아니, 여기가 대체 어디에 있는 학교니?" 얼마 후 여행을 가던 도중 고속도로변에서 그 학교를 발견했는데 '이 대학이 정말로 존재했다니!' 하고 놀라고 말았다. 그러다 고3이 된 아이가 자기 성적으로 갈 수 있는 대학의 이름을 가져오자 나는 한 번 더 경악했다. 처음 들고 왔던 대학조차 딸아이의 성적으로는 꿈도 못 꾸는 학교였던 것이다. 머리가 띵했다.

그때부터 번뇌에 휩싸였다. 이게 현실이라니… 대체 어디서부터 잘못된 걸까…. 그러면서 내 안에 줄 세워진 대학의 이름들을, 그리고 그에 대한 차별의 감각을 통렬하게 깨달았다. 명문대를 나왔다는 연예인을 선망의 시선으로 바라보던 나를, S대 법대를 나와서도 온갖 범죄와 비리를 저지르다 못해 육갑 꼴값까지 떠는 정치인들을 향해 "학벌이 아깝다"며 혀를 차던 나를 다시 보게 되었다. 우와, 나 이런 사람이었구나.

당혹스러웠다. 아이의 성적에 대한 실망과 나 자신에 대한 실망이 교차했다. 하지만 실망하긴 아직 일렀다. 나는 이제부터 내게 있는 줄 몰랐거나, 아니면 알면서도 모르는 체했던 무수한 편견과 무지와 오만과 가식과 위선을 내 아이들의 인생을 통해 발견할 예정이었다.

정말로 '속이 썩어 문드러진다'는 말이 무슨 뜻인지 알 것 같을 때도 있었다. 하루에도 몇 번씩 기분이 널을 뛰었다. '어, 나 우울증 다시 오겠는데?' 하고 위기를 느끼기도 했다. 그 끝에 나는 아이를 미워하게 됐다. 어떤 날은 그 미움이 너무 커서 견딜 수가 없을 지경이었다. 미워라, 정말 미워. 어떻게 저렇게 내가 싫어하는 인간을 내가 낳앉을까? 그렇게 그 애를 바닥도 없이 미워했다. 그 하루 동안 그랬다. 그렇게 실컷 미워하고 나니 갑자기 내 생각이 났다. 우리 엄마는 내가 안 미웠을까? 그럴 리가.

그러자 마음이 개운해졌다.

우리는 어떤 말을 안다고 생각한다. 이를테면 '자식에 대한 나의 기대를 내려놓는 것' 같은 말을 너무나 잘 안다고 생각한다. 그럴 수 있으리라고도 생각하고, 그런 것 같기도 하다. 그러나 그 말이, 자식에 대한 기대를 내려놓았다는 말이 진정한 의미로 내 가슴에 부딪히는 것은, 자식에 대한 기대 때문에 속이 썩어 문드러지고, 그러다 못해 자식이 사라져버렸으면, 내 인생에서 꺼져줬으면 하는 생각마저 들 때다. 그러고 난 후에야 '내가 미쳤구나!' 하고 정신이 번쩍 들면서 기대와 욕심 때문에 내가 낳아 키운 자식을 미워하는 마음이 어떤 것인지 알게 된다. 무서운 일이다.

물론 깨달음의 순간은 짧고, 나는 또다시 그 구덩이에 빠지게 될 것이다.

내가 평생 잊지 못하는 영화 속 한 장면이 있다. 〈반지의 제왕〉에서 케이트 블란쳇이 연기한 엘프의 여왕이 주인공 프로도가 내민 절대반지를 보았을 때였다. 우아하고 완벽한 여신이던, 공정함과 권위의 상징이던 여왕조차 절대반지를 보는 순간 내면의 욕망을 이기지 못한다. 반지 앞에서 그는 이성을 잃어버린다. 여왕의 머릿속에서 온갖 목소리가 들려온다. 저 반지를 가지면 이 세상은 네 것이 될 수 있어. 반지를 빼앗아. 반지를 네 것으로 만들어. 여왕의 눈빛은 완전히 다른 사람처럼 변한다. 그것은 탐욕스러운 '악'이다. 그토록 공명정대한 여왕의 내면에도 '악'은 존재했던 것이다. 그러나 그는 어느 순간 가까스로 정신을 차리고는 반지를 눈앞에서 치워버리라고 말한다.

요는, 여왕 역시 똑같다는 사실이다. 그에게 애초에 어두운 욕망이 없는 게 아니다. 단지 최선을 다해 그것을 억누를 뿐이다. 유혹에 흔들릴지언정 적어도 무엇이 옳은지를 그는 알고 있다. 나는 여왕의 그 얼굴을 영원히 잊지 못할 것이다. 아이를 미워할 때 내 얼굴도 그것과 비슷했으리라.

이 책을 쓰는 일은 내게 무척 버거웠는데, 그 이유 중 가장 큰 부분은 아이들이 차지하고 있다. 내 삶은 아이들의 삶과 분리하기 어렵고 머릿속을 어지럽히는 불안의 상당 부분도 아이들 걱정에서 비롯되었다. 그러니 나는 내 아이들에 대해서 쓰지 않을 수가 없다. 아이들 이야기만 쏙 빼고 이 책을 쓰는 일은 팥 없는 붕어빵에 대해 쓰는 일과 같기 때문이다.

나에 관한 이야기라면 어디까지 쓰든 상관없다(팬티 얘기까지 쓰는 판국이니). 내 주변 인물들 이야기 역시, 그들이 성인(세인트)이고 다행히 그들과 그럭저럭 좋은 관계를 맺고 있기 때문에 넘어갈 수 있다. 만약 내 글 때문에 그들이 화가 나서 절교 선언을 해 친구가 없어진다고 해도 책임질 사람은 나 하나다. 그런데 아이들에 대해서라면 문제가 좀 복잡하다.

내가 낳고 키운 아이들이지만 그 아이들은 내가 아니다. 게다가 아이들은 아직 정서적으로, 인격적으로 채 성숙하지 않았다. 그리하여 내가 쓴 이야기가 그 애들에게는 상처가 될 수도 있다. 그보다 더 무서운 일은 아이들에 대한 나의 편견이 아이들 스스로 제 이마에 찍는 섣부른 낙인이 될 수도 있다는 사실이다.

다니엘 페낙은 『학교의 슬픔』에서 "희망 없는 현재의 이미지가 터무니없이 비대하게 투영된 벽을 미래라고 생각하는 것, 바로 여기에 모든 어머니의 거대한 공포가 있다"고 썼다. 나 역시 부모님이 나에게 품은 불안과 걱정을 뚫고, 그것들을 하나하나 도장 깨기 하듯 부숴가며 자라왔기 때문에 잘 안다. 부모가 자식에 대해 얼마나 무지할 수 있는지, 자식을 얼마나 오해할 수 있는지를. 그런데 나의 그 불안과 걱정과 무지와 오해가 활자화되고 책이 되어 세상에 퍼졌을 때, 내 아이들이 그걸 읽는 것이 (이제는 글자는 읽을 수 있으니) 걱정스럽다.

그런데 가만 보자. 나는 여기에서 이렇게 인정하고 있지 않은가. 나는 부모이기에 그 애들에 대해서 제대로 알지 못한다는 사실을, 그 애들을 오해할 수밖에 없다는 사실을.

아이 때문에 속이 탈 때, 애를 끓일 때, 그러다 급기야 아이를 미워하기까지 했을 때 내 머릿속은 이 생각으로 가득차 있었다.

'나는 저 아이를 어떤 인간으로 만들어야 할까?'

바보 같은 질문이었다. 나는 나 자신을 부모가 아니라 무슨 신쯤 된다고 착각하고 있었다. 그 착각은 자식과 부모 모두에게 불행한데, 자식에게는 압박이 되고, 부모는 신이 되지 못하는 자기 자신과 신의 뜻을 따르지 않는 자식을 동시에 미워하게 만들기 때문이다.

그 어둠의 시기를 거치며, 지금은 그렇게 바보 같은 질문 대신 다른 질문을 던져야 할 때임을 서서히 깨달았다. 그 질문은 이런 것이었다. 나는 아이와 어떤 관계를 맺어야 할까? 성인 대 성인으로서 우리는 어떤 관계가 되어야 할까? 내 아이는 어떤 사람일까? 나는 어떤 부모가 되어야 할까?

성인이 된 자식과 관계를 맺는 것. 그건 내가 자식의 입장에서 이미 겪어본 일인 동시에, 부모의 입장에서는 처음 겪는 일이다. 마치 '역할 바꿔보기' 같다. 요즘 나는 30여 년 전 부모님의 마음을 뒤늦게 알아채고는 깜짝 놀라기를 반복한다. 30년 전의 마음을 지금에야 알아채다니, 아아 나는 어쩜 이리도 어리석은가.

아무튼 내 자식은 수능을 못 보았다. 보았다고 한들 크게 달라질 일도 없었다. 그리고 나는 이 황당한 사건을 인스타그램에 올렸다. 왜냐고? 1. 재미있으니까. 나는 재미있는 이야기를 들려주는 데 관심이 많다. 어떤 일이 일어나도 재미있게 사는 편이 좋지 않나? 2. 누군가에게는 이 에피소드가 위안이 될 수도 있으니까. 만약 내 아이가 이 지구상에서 늦잠 자서 수능 못 보러 간 최초의 수험생이었다면 나도 어쩔 줄을 몰랐을 것이다. 그런데 지각이라는 사실을 깨닫자마자 몇 년 전 래퍼 이영지가 늦잠을 자서 수능을 못 보러 갔다는 뉴스를 봤던 게 기억이 났고, 물론 그 재능 많은 친구와 내 자식의 상황은 너무나 다르지만, 그럼에도 이 사건이 우습게 느껴졌다. (오 어머니여⋯.)

수능 시험장에 가져가지 못한 샌드위치를 나눠 먹으며 딸에게 그런 얘기를 했다. 네가 대학에 갈 수 있을지 없을지는 모르겠지만, 이게 네 인생에 어떤 영향을 미칠지 모르겠지만, 그럼에도 네 앞에는 이제 고생길이 열릴 것이다. 하지만 너는 지금껏 다른 수험생들이 했던 고생 같은 건 해본 적이 없지 않니? 그러니 이제부터의 고생은 당연하다고 받아들이거라. 실컷 고생해라. 딸은 웬일로 순하게 고개를 끄덕였다.

수능 시험 날 늦잠을 잔 아이에게는 과연 어떤 미래가 펼쳐질까? 그런 생각은 해본 적이 없다. 늘 뉴스를 보며 혀만 찼을 뿐, 그 아이들이 어떤 어른이 되어 어떤 삶을 살고 있을지 나는 모른다.

늦잠을 잔 아이들, 길을 잃은 아이들, 고사장을 착각한 아이들, 그래서 경찰차와 오토바이를 타고 시험장에 도착한 아이들, 닫힌 시험장 문을 붙잡고 울던 아이들이 어떻게 살고 있을지, 그 일이 과연 그의 인생에 어떤 영향을 미쳤을지 문득 궁금하다. 수능 시험 날 늦잠을 자지 않은, 수능 시험을 꽤 잘 본 나는 이 모양 이 꼴로 살고 있는데…. 그러고 보면 그런 것과 인생은 별 관계가 없는지도 모른다. 늦잠 자서 수능 시험을 못 본 이영지 씨도 씩씩하게 잘 살아가고 있는 것 같다. 잘된 일이다.

수능 시험 날 지각해서 시험을 못 본 내 아이, 공부 못하는 내 아이는 어떤 인생을 살게 될까? 내가 점쟁이도 아니고 그걸 어찌 알겠는가? 그 애가 겪을 모든 성공과 실패, 모멸감과 절망감과 기쁨과 자랑스러움 같은 것들은 내가 대신 겪어줄 수 없다. 놀이터의 다른 아이들에게 떠밀려서 화나고 부끄럽고 슬픈 얼굴로 달려와 울던 그 작은 아이는 이제 없고, 나도 그 아이의 뒤를 영원히 서성일 수만은 없다. 그러니 그런 것들에 대해서 지나치게 생각하지 말자.

아이는 나의 걱정이나 불안과는, 나의 예측이나 소망과는 별 관계없는 인생을 살 것이다. 실패와 좌절, 상처와 눈물, 불행과 불운을 피해갈 수 있는 사람은 없고, 내 자식들에게도 분명 그런 것들은 닥칠 테지만 그게 너무 아프지는 않기를 바란다. 아니 그러한 아픔마저도 끝내 힘으로 바꿔갈 수 있기를 바란다.

막막하고 서글픈 어느 밤, 제 부모를 떠올리기만 해도 그 애들의 마음에 약간의 따뜻함이 깃들 수 있기를 바란다. 그러려면 아무리 생각해도 우리가 그렇게 든든한 사람이 되는 수밖에 없다. 우리 자신의 인생을 잘 살아가는 사람이 되는 수밖에 없다. 너무나 단순하고 쉬워 보이지만, 또 너무나 어려운 바람이다.

우와, 나 이런 사람이었구나.

마음의 노래 　　　　Track 04

Art Garfunkel, 〈Traveling Boy〉

성인이 되었거나 성인이 되어가는 아이들을 보는 제 마음은 복잡합니다. 어릴 때는 이 아이들을 보호해야 한다, 이 아이들이 제대로 자라게 해야 한다는 부담감으로 어깨가 뽀개질 것 같았는데 지금은 달라요. 이제는 더이상 내가 할 수 있는 게 없다는 생각이 드니 좀 잘할걸 싶어 후회만 막심합니다. 곧 제 아이들은 이 노래의 제목처럼 여행하는, 방황하는 소년과 소녀가 되겠지요. 손에 쥔 것 없는 채로 악전고투를 벌이게 되겠지요. 누군가에게 상처를 주고 또 누군가에게 상처를 받게 되겠지요. 그런 아이들의 여린 등을 바라보는 이 어머니의 마음은 그저 안쓰럽습니다. 그렇지만 이것도 자식을 키우는 기나긴 여정의 일부일 거라고, 그렇게 마음을 다잡습니다.

이나가키 씨네 2층, 히라야마 씨네 1층

집에 있으면 갑갑하고 밖에 있으면 집에 가고 싶다. 집에서는 10분을 앉아 있기가 어렵다. 눈을 들 때마다 더러운 것들이 보인다. 책이 엉망으로 꽂혀 있군. 유리창에 얼룩이 너무 많아. 책장 위의 먼지를 언제 닦았던가? 앗, 며칠 전에 냉장고에 넣어둔 돼지고기 덩어리를 잊고 있었다! 생각날 때마다 할 일을 처리한 후 이제 진짜 일을 해볼까, 하고 자리에 앉으면 세탁기에서 빨래가 다 되었다는 알림음이 울리거나 배가 고파온다. 늘 이런 식이다.

차라리 나가자, 하고 짐을 싸서 밖으로 나가면 자꾸 집 생각이 난다. 집에 가면 그간 읽어야지 읽어야지 하고 쌓아만 두었던 책더미 중 한 권을 뽑아서 읽어야겠다. 넷플릭스에 찜해둔 수백 편의 영화 중 하나를 보는 것도 괜찮겠어. 눈엣가시였던 안방의 전등을 이제는 갈아야 할 때다. 오늘은 옷장을 좀 비워볼까? 제국을 건설할 수도 있을 것 같던 의욕은 현관문을 열고 들어서자마자 8월 한낮의 아이스크림처럼 녹아내린다.

사실 매일 두 가지의 일을 하고, 하루 세 끼를 만들어 먹고, 쏟아지는 빨래를 빨고, 쌓이는 먼지며 머리카락을 청소기로 빨아들이고, 매일 더러워지는 화장실을 닦으며, 수시로 아이들에게 잔소리하는 것도 내게는 힘에 부친다. 나는 슈퍼우먼도 원더우먼도 아니다. 32평짜리 집을 늘 그럭저럭 깨끗한 상태로 유지하고 가족이 매일 새 팬티로 갈아입을 수 있고 화장실에는 새 수건이 걸려 있으며 변기는 깨끗하고 매 끼니 밥을 굶지 않는 것만 해도 엄청난 일 아닌가? 게다가 나에게는 '아내'가 없다. 이 모든 자질구레한 일들을 거뜬하게 처리해줄, 우렁각시 같은 아내가.

아, 오해하지 마시라. 물론 우리 집의 가사는 가족 넷이 조화롭게 분담하고 있다. 요리를 좋아하는 내가 밥을 준비하면 설거지 및 뒷정리는 남편이 한다. 빨래는 내가 세탁기에 넣지만 그 빨래를 널고 개는 일은 아이들의 몫이다. 내가 진공청소기를 돌리면 남편이 걸레질을 한다. 두 개의 화장실은 일주일에 한 번 아이들이 하나씩 나눠 청소한다. 일반 쓰레기와 음식물 쓰레기는 부모가 버리고 재활용 쓰레기 분리수거는 아이들이 한다.

그러나 집안일은 이걸로 끝이 아니다. 그럴 리가 없지. 집안일을 해본 사람은 알겠지만, 이 모든 협동 작업의 중심에는 그 흐름을 세세하게 꿰뚫고 있는 관리자가 필요하다. 그리고 우리 집의 관리자는 나다. 누구도 나에게 그러라고 등 떠밀지 않았지만, 내가 관리를 못한다고 해도 누구도 나를 비난하지 않지만 나는 자진해서 관리자의 책임과 의무를 떠맡았다. 왜냐하면 가사 관리에 가장 관심과 열의가 많은 사람이 바로 나이기 때문이다.

사실 아이들은 매일 라면만 먹어도 불만이 없고(오히려 좋아한다) 남편은 나보다 시력이 나은데도 바닥의 먼지를 보지 못한다. 내가 주말마다 이불 커버를 몽땅 벗겨 빨지 않으면 이 자들은 아마 1년 내내 그 이불을 그대로 덮고 살 것이다. 그들은 그런 상황에 큰 불만이 없다. 하지만 나는 불만이 있다. 나는 그렇게는 못 산다.

그렇다고 원래 깔끔한 인간이었는가 하면… 그렇지

않다. 전혀 그렇지 않다. 20대 초반의 나는 머리에는 기름기가 줄줄 흐르고 옷에서는 곰팡내가 나는 그런 여학생이었다(나를 피하던 남자들이여, 그대들을 이해합니다…). 베개와 이불 커버는 계절이 끝날 즈음 빨았던 것 같다. 오, 스스로도 경악스럽다. 어느 순간부터 서서히 위생 관념이라는 게 자리잡기 시작해서 이렇게 되었지, 원래는 나도 이런 인간이 아니었다.

아무튼 나는 게으르지 않다. 나는 부지런하다. 몸보다 마음이 더 부지런한 게 문제라서 그렇지 나는 과할 정도로 부지런하다. 차라리 이렇게 부지런한 내가 조금 더 효율적으로 움직일 수 있도록 가사 관리의 시스템을 바꿔보는 게 낫지 않을까? 개인의 역량을 탓하고 그들을 쥐어짜기 전에 시스템을 바꾸는 게 우선 아닐까? 회사나 국가를 이끄는 것처럼 나 자신도 그렇게 이끌어야 하지 않을까? 나는 그 실마리를 일본의 저널리스트 이나가키 에미코의 생존형 미니멀리즘에서 찾았다.

『퇴사하겠습니다』로 한일 양국에서 유명해진 전직 신문기자이자 50대 싱글 여성 이나가키 에미코는 책 제목대로 퇴사를 했다. 월급이 없으니 월세를 감당할 수 없어 고

급 맨션에서 낡고 작은 원룸으로 이사부터 했다. 그런데 원룸이 너무 좁아 그간 이고 지고 살았던 살림을 집어넣을 자리가 없다. 소문난 맥시멀리스트였던 이나가키 씨는 그래서 다 버린다. 버리는 기준은 '이거 없으면 죽어?' (못 버리는 사람들에게 희소식이 될 기준!)

동일본 대지진으로 원전에 의존하는 생활에 회의감이 팽배하던 때, 그는 이참에 절전도 할 겸 가전제품까지 몽땅 없애버린다. 밥솥도, 전자레인지도, 에어컨도, 세탁기도, 심지어 냉장고마저도 버린다(혼자 사니 말릴 사람이 없었다고 한다). 아니 아무리 그래도 그렇지 21세기에 세탁기도 냉장고도 없이 사는 게 가능한가? 이나가키 씨는 『살림지옥 해방일지』라는 책에서 그렇게 살아보니 의외로 괜찮았다고, 오히려 매일이 즐거워졌다고 말한다.

냉장고가 없어서 식재료를 쟁여둘 수 없다. 조리용 열원은 화구가 하나뿐인 부탄가스 버너. 그걸로 공이 많이 드는 요리를 만들 수도 없다. 냉장고 없이도 보관이 가능한 쌀, 된장, 절임 채소가 주재료다. 그래서 그는 매 끼니 쌀밥과 된장국 그리고 절임 채소로 차린, 같은 식사를 한다. 한때는 온갖 조리 기구와 이국적인 향신료를 사 모으며 듣도 보도 못한 요리를 만드는 게 취미이던 여자가 비구니처럼 살게 된 거다.

그런데 진수성찬을 포기하고 매일 똑같이 단순한 식사를 하면 다음 끼니에 뭘 먹어야 할지 고민하지 않아도 되니 이보다 더 편할 수가 없었다고 한다. 심지어 이나가키 씨는 그로 인해 영원히 맛있는 생활을 할 수 있게 되었다는, 사이비 종교에 빠진 광신도 같은 말까지 했다. 영원히 맛있는 생활이라니, 이게 무슨 소리지? 매일 똑같은 것을 먹으면 어느 순간 갓 지은 밥의 고소한 맛, 된장을 풀어 끓인 국의 구수한 맛, 그리고 햇볕에 살짝 말린 채소의 응축된 단맛을 음미할 줄 아는 사람이 된다. 어제의 맛과 오늘의 맛의 미세한 차이를 구별할 줄 아는 사람, 식재료의 맛을 섬세하게 느낄 줄 아는 사람이 되는 것이다. 그것 말고 다른 요리가 먹고 싶다면 고민하지 않고 식당에 가서 사 먹으면 그만이다. 이렇게 사 먹는 요리는 그야말로 밥 먹듯이 외식할 때에 비하면 감동적일 정도로 맛있다고 한다.

오오, 그렇구나. 그런 거였구나. 오늘은 또 뭘 해서 저것들을 먹여야 하나 고민하는 게 지긋지긋하던 차에 잘됐다고 생각하며 이 작가의 전작 『먹고 산다는 것에 대하여』를 도서관에서 빌렸다. 책에는 그가 말한 매일 똑같은, 단순하지만 완벽한 식사의 사진이 실려 있었다. 나는 사진을 보고 결론을 내렸다. 난 이렇게는 못 산다.

미안하지만 사진 속의 식사는 약간… 사료처럼 보였다. 나는 이나가키 씨의 기개와 지혜를 높이 사고, 그의 생활에 여전히 존경심을 품고 있다. 이런저런 일로(대개 돈과 불확실한 미래에 대한 걱정으로) 마음이 복잡하다가도 이 여성이 어떻게 살아가는지를 생각하면 머릿속이 깨끗해지면서 뭐랄까, 용기 비슷한 게 솟아오른다. 그러나 나는 이런 사료… 같은 음식을 먹고는 살 수 없을 것 같았다.

역시 단순한 생활은 나에게는 불가능한 걸까? 아니지. 그렇다면 나만의 식단을 개발하면 되지 뭐. 거의 매 끼니 먹어도 질리지 않으면서 단순하고, 조리하는 데 시간도 노력도 최소한으로 소요될 음식은 무엇이 있을까? 그러면서도 내가 좋아할 수 있는 음식은?

언젠가 죽기 전에 마지막 식사를 할 수 있는 기회가 주어진다면 뭘 먹고 싶을지 생각해본 적이 있다. 의외로 답은 심플했다. 잡곡이 조금 섞인 밥(흑미는 안 돼!), 배추된

장국, 겉절이김치. 쌀과 배추, 된장만 있으면 가능한 식단이다. 아무리 맛있고 특별한 요리를 먹어도 결국 나는 이 식단으로 돌아오고 만다.

언제 먹어도 질리지 않는다. 먹을 때마다 마음속 깊이 만족감이 차오른다. 무엇 하나 어긋나거나 들뜨지 않는 맛, 제자리에 돌아온 듯한 맛이다. 그게 질리면 빵과 버터와 잼, 약간의 과일이나 샐러드, 그리고 커피 한 잔이면 충분하다. 그 두 가지 식단을 돌려가면서 먹어도 충분히 만족할 수 있다. 단순한 식단, 생각보다 어렵지 않겠는걸?

이나가키 씨의 목표는 환경 보호나 금욕주의, 소비 제한이 아니다. 그는 물건이 우리에게 제공하는 가능성이라는 개념에 주목한다. 우리는 더이상 절박한 필요 때문에 물건을 사지 않는다. 소비사회가 우리에게 제공하는 것은 필요가 아니라 가능성이다. 더 큰 냉장고에 더 많은 음식을 집어넣어라. 더 많은 요리를 만들 수 있다. 더 좋은 세탁기에 더 많은 빨래를 넣어라. 옷을 아무리 많이 사도 괜찮다. 식기세척기에 설거짓거리를 넣어라. 설거지할 시간에 다른 일을 할 수 있다. 이 스마트폰이 있으면 더 멋진 사진과 영상을 찍을 수 있다. 이 옷을 입으면 더 쿨한 네가 될 수 있다. 그런 가능성들. 넌 무엇이든 할 수 있고 무엇이든 될 수 있어.

이나가키 씨는 그 가능성을 과감하게 버리는 대신 자유를 얻었다고 말한다. 수건 하나로 머리부터 발끝까지 닦고 그 수건으로 욕실의 물기를 닦은 후 그날 빨아서 말려 다음 날 다시 쓰는 생활. 자신에게 한 점 의혹 없이 어울리는 옷 몇 벌만을 돌려 입으며 오늘은 또 뭘 입을지 고민하지 않는 생활. 물건이 없으니 정리할 것도 없는 생활. 작은 방의 먼지를 매일 쓸고 닦으며 쾌적한 공간에서 지내는 생활. 마음에 걸리는 일 없이 개운하게 잠들고 개운하게 깰 수 있는 생활. 그야말로 공기가 통하는 것 같은 생활.

나는 '넌 무엇이든 될 수 있어'가 한때 유행했던 '네가 원하는 것을 원해'라는 어쩐지 괴이한 광고 카피처럼 조금 무섭다. 무엇이든 될 수 있기 때문에 무엇을 선택하든 이게 잘못된 선택은 아닐까, 더 나은 선택이 있는데 너무 성급하게 결정한 게 아닐까 불안해진다. 무엇이든 될 수 있기 때문에 무엇을 선택해야 할지 더 막막하다. 무엇이든 할 수 있기 때문에 자꾸만 마음이 조급해진다. 이럴 시간에 저걸 하는 게 낫지 않을까? 저걸 하고 있을 시간에 그걸 하는 게 낫지 않을까?

여전히 우리 집 곳곳에는 쓰지도 않는 물건들이 구석구석 쌓여 있고 그것들은 나의 마음을 불편하게 한다. 언제 한번 날 잡아서 확 뒤집어엎어야지, 라고 생각만 할 뿐 게으른 내 몸뚱이는 도무지 움직일 생각이 없어 보인다. 아니, 사실 내가 게으른 게 아니다. 삶이 너무 바쁘다. 근데 나 왜 이렇게 바쁘지? 해야 할 일은 왜 끝이 없지? 아마도 나는 내 물건들의 소유자가 아닌 관리자인 것만 같다.

빔 벤더스가 만든 영화 〈퍼펙트 데이즈〉의 주인공은 히라야마라는 도쿄의 화장실 청소부다. 그의 집은 낡고 좁은 2층 주택. 1층에는 작은 부엌이 있고 2층에는 작은 방 두 개가 있다. 정갈한 다다미방에서 잠을 깬 히라야마 씨는 아래층으로 내려가 싱크대 앞에서 면도와 양치질을 한 후 묘목들에 물을 주고는 도쿄 전역의 공중화장실을 향해 출근한다. 히라야마 씨의 집에는 불필요한 것들, 너저분한 것들이 조금도 보이지 않는다.

그의 단순한 삶은 이나가키 씨의 생활과 겹쳐 보인다. 매일 아침 같은 시간에 일어나 같은 옷을 입고 출근해 화장실들을 청소한 후 동네 목욕탕에서 몸을 씻고 단골 술집에서 술 한잔을 마시고 집으로 돌아와 책을 읽으며 잠이 드는 생활. 매 순간 정성을 다하며 매일을 깔끔하게 마무리하고 다음 날 아침이면 리셋되는 인생. 그야말로 우아하고 아름다운, 완벽한 날들. 히라야마 씨의 매일은 남들 눈에는 그저 무한반복으로 보일 테지만, 그는 똑같은 날들 속에서도 미세하게 다른 것을 보고 듣고 느끼는 능력을 지닌 사람이다. 마치 이나가키 씨의 입맛처럼. 그것은 귀하고 소중한 재능이다.

그런데 영화를 보다보면 이런 궁금증이 든다. 2층에 비해 1층이 너무 좁아 보이는데 주방을 제외한 1층의 나머지에는 뭐가 있지? 영화의 후반부에 갑자기 조카가 찾아와 히라야마 씨는 2층의 방을 내주고, 그제야 1층의 나머지 부분에 대한 궁금증이 풀린다. 부엌 옆에 작은 방이 하나 더 있었던 거다. 그 방은 풀지 않은 짐으로 가득차 있는 창고 방이다. 히라야마 씨는 그 방의 짐들 사이에 끼어 불편한 잠을 청한다.

그 장면을 보고서야 안심이 되었다. 그러게, 사람이 저렇게 한 점 그림자 없이 깔끔하게 살 수는 없지. 히라야마 씨에게도 그런 방이 필요했던 것이다. 온갖 잡동사니들, 그러나 버릴 수 없는 잡동사니들을 쑤셔 넣을 방이. 어떤 인간에게도 버릴 수 없는 짐은 존재하니까. 내 눈에 그 방은 마치 그의 기억들처럼 보였다. 후회와 미움과 그리움, 분노와 눈물로 가득한 기억의 방.

나는 이 영화가 무척 마음에 들어서 두세 번을 더 보았는데, 시간이 흐른 후에 처음에는 대수롭지 않게 지나쳤던 어떤 부분이 생각났다. 함께 청소를 하던 청년 다카시가 예고도 없이 일을 관둬버리자 히라야마 씨는 혼자서 그의 몫까지 청소를 하느라 진땀을 뻘뻘 흘린다. 늘 부처처럼 미소 띤 얼굴의 그가 처음으로 화를 내는 것도 바로 그때다. 그날 그는 그야말로 진이 빠져서 밤늦게 퇴근한 후 목욕탕도, 술집도 가지 못하고 컵라면 하나로 허겁지겁 허기를 채운다.

히라야마 씨가 늘 평온하게, 자기만의 속도로, 정성껏 일할 수 있는 이유는 그에게 충분한 시간과 주도권이 주어져 있기 때문일 것이다. 빠듯한 시간에 일의 주도권이 나에게 없을 때, 계속해서 감시당하고 평가받고 재촉당할 때 인간은 쉽게 화를 내게 된다. 그뿐인가? 어차피 더러워질 화장실, 열과 성을 다해 깨끗하게 닦을 여력도 없을 것이다. 더러워진 성격 때문에 인상은 나날이 더러워질 것이다.

일하느라 녹초가 될 지경인데 방 청소를 할 시간은 어디 있겠으며, 책 읽을 짬은 어떻게 내겠는가. 제대로 된 식사를 하거나 느긋하게 반주를 곁들이며 휴식을 취할 수도 없을 것이다. 무엇보다 일상의 틈새에서 관찰하고 사색할 여유, 그리고 타인과 세상에 대한 호의는 사치 중의 사치가 될 것이다. 결국 그의 삶은 전방위적으로 허물어질 것이다. 충분한 시간, 자신만의 속도로 일할 수 있는 자율성이 그렇게나 중요하다.

살림은 끝이 없다. 끝이 없는 도돌이표다. 오늘 깨끗이 청소하고 빨아도 내일이면 다시 더러워진다. 아무리 정성껏 만든 요리도 결국 변기 속으로 사라질 운명이다. 살림은 그만큼 덧없다. 오늘 청소해도 내일이면 다시 더러워지지만, 오늘 빨아도 내일이면 다시 때가 타지만, 그럼에도 꿋꿋하게 청소하고 빨래한다. 만드는 데 한 시간, 먹는 데는 10분이면 끝날 요리도 정성껏 만든다.

그 덧없는 일을 그렇게 열심히 한다. 매일 산 위로 돌을 굴려 올리는 시시포스처럼 한다. 마치 오늘밤 죽고 내일 아침 다시 태어나는 사람처럼 한다. 이 덧없는 일이 나 자신을 지탱해줄 거라 믿으면서 한다. 나의 의지와는 관계없이 굴러가는 이 예측 불가능한 세상에서 그렇게 나만의 작고 견실한 세계를 쌓아올려나간다.

돌봐야 할 것은 최소한으로, 시간은 넉넉하게. 일단은 나의 가사 시스템의 두 가지 원칙을 정했다. 뭐든 더 많이 가지라는, 무조건 빠른 게 최고라는 이 세상의 부추김과는 다른 쪽을 향해보려 한다. 세상의 룰은 세상이 정하겠지만 내 살림의 룰 정도는 내가 정할 수 있다. 사실상 그게 살림의 가장 멋진 점이다.

그 덧없는 일을 그렇게 열심히 한다.
이 덧없는 일이 나 자신을 지탱해줄
거라 믿으면서 한다.
나의 의지와는 관계없이 굴러가는
이 예측 불가능한 세상에서 그렇게
나만의 작고 견실한 세계를
쌓아올려나간다.

마음의 노래   Track 05

Lou Reed, 〈Perfect Day〉

〈퍼펙트 데이즈〉 이야기를 했으니 루 리드의 〈퍼펙트 데이〉를 들어야겠지요. 스무 살 무렵 사귄 첫 남자친구에게 이 음악에 대해서 이야기한 적이 있습니다. 지구가 멸망할 때 잔디밭 위에 팔베개를 하고 누워서 이 노래를 듣고 싶다고요. (미안합니다. 제가 미쳤었나봐요.) 이 노래를 듣다 보니 저에게 완벽한 날이란 어떤 날인지 생각해보게 됐습니다. 음… 그냥 아무 일 없는 날, 어제와 똑같은 날이면 충분할 것 같네요. 별일 없는 날이야말로 완벽한 날이라는 걸 이제는 알아버렸습니다. 지구 멸망 따위는 꿈도 꾸지 않습니다.

150만 원의 삶

남편이 기다리고 기다리던 지마켓 세일 기간이 시작됐다. 남편은 '싸게' 살 생각에 신나 보인다. 남편은 쇼핑을 좋아한다. 그가 쇼핑을 좋아하는 이유는 물건을 좋아한다거나 사는 행위 자체를 좋아하기 때문이 아니라, 필요한 물건을 최대한 싸게 사는 데 희열을 느끼기 때문이다. 그래서 우리 집 베란다 창고에는 화장지와 키친타월과 치약과 티슈와 라면과 참치 캔과 각종 세제가 떨어질 일이 없다.

남편은 이참에 밥 지을 때마다 안쪽 뚜껑이 떨어져 밥 위에 살포시 얹히는, 어느샌가 밥이 좀 잘 안되는 느낌적인 느낌이 드는 압력밥솥을 새 걸로 교체할 계획이다. 먼지가 빨리다가 가끔 안 빨리기도 하는, 필터에서 쉰내가 나는 무선 진공청소기도 새 걸로 사려 한다. 거기에 더해 전기로 움직이는 유리창 청소 로봇도 어때 보이느냐고 묻는다. 그는 정말 신나 보인다.

이 시점에 왜 나는 인스타그램에서 본 할머니와 단둘이 산다는 열두 살짜리 남자아이를 떠올리는가. 무릎이 성치 않아 일을 못 하는 할머니는 돈이 없어 손자에게 아무것도 해주지 못해 미안하다며 운다. 소년은 성적이 우수한 아이들에게 주는 상장들을 늘어놓으며 나 때문에 고생하는 할머니에게 뭐든 해드리고 싶다고 말한다. 두 사람이 사는 집 같지 않은 집에는 곰팡이가 슬어 있고 물이 샌다. 무릎이 아픈 할머니가 리어카를 끌고 손자는 폐지를 주워 거기에 싣는다. 그리고 월드비전이 그들을 돕기 위한 모금 활동을 하고 있다.

아, 월드비전. 나는 이미 월드비전에 매달 4만 원을 내고 있다. 20대에 만 오천 원으로 시작했던 것이 어느새 4만 원이 되었다. 원래는 방글라데시에 사는 여자아이를 돕고 있었는데 어느 순간 아프리카 어느 나라의 남자아이로 바뀌었고, 그러다가 지금은… 어디에 사는 누구인지 모르겠다. 파키스탄이었나? 스리랑카였나? 나는 의도치 않게 20여 년간 전 세계의 아이들을 돕고 있다. 얼마 전에는 세이브더칠드런에서 국내 아동들을 돕는 기부까지 하기 시작했다. 그리하여 매달 10만 원쯤 기부를 한다. 기부라고 하기에 좀 적은 것 같기도 하고, 내 처지에는 좀 많은 것 같기도 하다.

사실 나는 어제 대전 성심당에 가서 빵을 10만 원어치 샀다. 10만 원. 그 정도 돈이라면 아프리카의 가난한 마을 아이들이 하루종일 배불리 먹을 수 있을지도 모른다. 어쩌면 한 달일 수도 있다. 나에게 그 빵은 그저 뱃살이나 늘릴 독일 뿐인데. 탄수화물 제한 다이어트에 대한 정보는 넘쳐나지만, 탄수화물을 한 번 참은 돈으로 지구상의 어떤 아이를 굶기지 않을 수 있다는 정보는 보이지 않는다. 살도 빼고 선행도 하고 일석이조 아닌가? 한끼에 만 오천 원짜리 밥을 먹고 커피와 디저트에 만 원을 더 쓰고 맥주와 안주를 먹고 마시는 데는 10만 원도 넘게 쓰면서 한 달에 3만 원, 4만 원을 내고 타인을 돕는 일은 왜 이렇게 어려울까?

지금 나는 동네 카페에 앉아 있다. 이 카페에 올 때 3천5백 원짜리 김밥 한 줄과 2천5백 원짜리 찐빵 하나를 샀다. 여기 앉아서는 4천 원짜리 아이스 카페라테를 마시고 있다. 따지고 보면 모두 쓸 필요가 없는 돈이다. 쓰지 않아도 좋을 돈 만 원을 나의 기쁨을 위해 쓴다. 그것은 적절한가? 아니면 과한가? 그걸 쓰지 않아도 나는 기쁠 수 있을까? 아니면 비참해질까?

김밥을 사 먹는 대신 집에서 밥을 먹고 나와도 됐다. 찐빵을 먹으면 가뜩이나 나온 배가 더 튀어나온다. 찐빵이 너무 커서 아무래도 반쯤 먹다가 버릴지도 모르겠다. 이 세상의 어딘가에는 굶어 죽는 아이들이 있는데 나는 먹지 않아도 될 빵을 사서는 반을 버린다. 천벌을 받을지도 모른다. 착잡하다.

사실 그 만 원은 오늘 내가 쓴 돈 전부다. 그 돈은 많은 돈일까? 아니면 적은 돈일까?

오래전 나는 4인 가족의 한 달 최저생계비인 150만 원에 맞춰 살림을 꾸려보려 했다. 매일 가계부를 쓰고 수입과 지출을 맞추기 위해 안간힘을 쓰다보니 150만 원으로도 진짜 사람이 살 수 있을지 궁금해졌다.

그래, 그러면 한번 실험을 해보자. 150만 원으로도 4인 가족이 굶어 죽지 않고 잘 살 수 있는지, 그걸로도 인간답게 살 수 있는지, 심지어 행복하게 살 수 있는지 실험해보자.

그때, 한 달에 150만 원의 최저생계비에 맞추기 위해 노력할 때, 나는 '이 정도면 살아갈 수 있다'의 기준점을 잡아보고 싶었던 것 같다. 그 기준점의 감각을 느껴보고 싶었던 것 같다. 자전거 위에서 균형을 잡는 것처럼 내 안에 영원히 잊어버리지 않을 최저생계의 감각을 새겨두고 싶었다.

150만 원으로도 살아낼 수 있다면, 그저 생존하는 것이 아니라 인간답게 살 수 있다면, 그런 자신감이 내 안에 억지스럽게가 아니라 자연스럽게 자리잡는다면 미래에 대한 막연한 불안과 두려움도 줄어들 것 같았다.

그로부터 10여 년이 지났다. 요즘은 물론 150만 원으로 살지는 않는다. 물가도 많이 올랐으니 평균적으로 그것의 두세 배쯤은 쓰는 것 같다. 청소년기의 아이가 둘 있지만 둘 다 사교육을 전혀 받지 않았기 때문에 교육비는 제로에 가깝다. 비슷한 또래의 아이를 둔 가정보다 우리의 생활비가 적은 이유는 그 덕분이다.

얼마 전에 동네 이웃들과 노후 생활비는 얼마 정도가

적당하다고 생각하는지 이야기를 나눈 적이 있다. 50대를 목전에 둔 40대인 우리는 모두 직장 생활을 하고 있으며, 딱히 연고가 없음에도 자발적으로 동인천 구도심에 살기를 선택했다. 나는 아파트에 살지만 다른 두 가정은 거의 전 재산을 털어 구옥 단독주택을 매입해 직접 수리해서 살고 있다. 부동산 가격 상승으로 인한 재산 증액은 전혀 기대할 수 없다는 이야기다. 우리는 머리를 맞대고 토론한 끝에 대충 200만 원에서 300만 원 사이라면 2인 가족이 살아갈 수 있는 최저선 정도는 되지 않을까, 라는 데 합의했다. 물론 더 많을수록 좋은 것은 사실이다.

우리의 가장 큰 불안은 돈이 없는 현재가 아니라 돈이 없을 미래다. 노후는 너무나 막연해서 먼 나라의 화산 폭발이나 쓰나미 소식처럼 들린다. 막상 화산재가 창문 너머로 쏟아져 들어오고 바닷물이 현관문 앞까지 들이닥쳐야 실감이 날 것만 같다. 내가 노인이 되는 것만큼이나 노후에 벌어질 일 역시 상상하기 어렵다.

그래서 우리는 '어떻게든 되겠지' 하고 살아간다. 그런데 정말 어떻게든 될지 의심스럽다. 이것도 보편적인 불안의 하나이려나? 게다가 우리에게는 21세기식 노년의 샘플이 될 만한 사람들이 없다. 그 점이 노후를 더 막연해

보이게 하고 우리를 더 불안하게 만든다.

국민연금공단의 2023년 제10차 국민 노후보장 패널 조사 결과, 50대 이상 중고령자와 그 배우자를 대상으로 조사한 주관적인 노후필요생활비(아 어렵다…)는 개인 기준 최소 136.1만 원, 적정 192.1만 원이라고 한다. 2인 가정이라면 최소 한 달에 300만 원은 필요하다는 얘기다.

쥐꼬리만 할 내 국민연금은 기대도 되지 않고, 물려받을 유산도 없는 데다, 가진 거라고는 앞으로 오를 일은 절대 없을 아파트 한 채가 전부다. 그런 우리에게 매달 300만 원이 어디서 떨어진단 말인가? 대체 나는 몇 살까지 일하고 얼마를 모아야 한 달에 300만 원의 생활비를 마련할 수 있을까? 아득하고 막막하다.

그러나 이 점을 고민할 때 고려해야 할 가장 중요한 요소가 있다. 과연 나는 몇 살까지 살까?

좋아, 나만의 노후 자금 계획을 세워야겠다. 그러기 위해 우선 내 주변의 노인들을 관찰하기로 했다. 일단 부모님부터 시작했다. 부모님의 나이는 각각 70대 초반과 60대 후반이다. 지병이 있기는 하나 두 분 다 건강한 편이다. (아니, 가끔 보면 우리 아빠는 나보다 더 오래 살 것 같다.)

56세에 해군 준위로 만기 전역한 아빠는 지금은 매달 300만 원에서 400만 원 사이의 군인연금을 받고 있다. (나도 정확한 액수는 모른다.) 연금을 제외하면 살고 있는 경기도 화성시의 오른 적도, 오를 일도 없는 아파트 한 채가 재산의 전부다. 현재 부모님의 생활은 내가 살면서 본 그들의 삶 중 가장 여유로워 보인다. 퇴직 후에야 그들은 평생을 헤어나지 못한 돈 걱정에서 벗어난 것이다.

물론 그들의 연금이 사치를 부리며 살 정도의 액수는 아니다. 부모님의 일과는 규칙적인데, 매일 집에서 아침을 먹고 커피 한 잔을 마신 뒤 구립 체육관에서 피트니스와 요가를 한다. 구립인 데다 65세 이상 노인, 심지어 국가유공자이기까지 해서 아마도 무척 저렴할 것이다.

외식은 거의 하지 않는 대신 식재료는 많이 산다. 노년에는 이런저런 병원비가 많이 나가는데, 진료비가 저렴한 서울 동쪽의 보훈병원까지 버스와 전철을 여러 번 갈아타고 다닌다. 힘들지 않느냐고 물으면 여행 삼아 간다고 생각하니 재미있다고 한다. (아빠 혼자만의 생각.)

그런 부모님의 생활비 중 가장 높은 지출 항목은 아

마도 여행 비용일 것이다. 여행을 좋아하는 부모님은 한 달에 한 번 정도는 고향인 속초나, 고향보다 더 오랜 세월을 보낸 진해에 찾아간다. 호사스러운 여행은 아니다. 밤에는 자동차 의자를 눕혀서 눈을 붙이거나 찜질방에서 잔다. 여건이 되면 군인 호텔이나 콘도에 묵어 경비를 아낀다.

그렇게 절약하는 것은 의식적인 노력이라기보다는 습관적인 행동이다. (그들은 평생을 가난하게 살아온 것이다.) 바닷가 앞에 차를 세워두고 불편한 잠을 청했다가도 아침에 눈을 떴을 때 가장 먼저 보이는 것이 바다일 때의 기분은 말로 표현할 수 없다고 한다. 고생도 나름대로 즐겁다는 게 두 사람의 철학이다.

매년 겨울에는 생활비가 저렴한 태국 치앙마이에서 한 달 정도 지내다 온다. 작은 원룸에 묵으며 두 끼 정도는 만들어 먹고 한끼 정도는 외식을 하는 것 같다. 대신 커피만큼은 매일 단골 카페에서 사 마신다.

부모님은 명품이나 외제 차 같은 것에 전혀 욕심이 없고, 한우 같은 것은 (누가 사주지 않는 한은) 먹어본 적이 없다. 옷을 좋아하는 엄마는 요즘 당근에서 중고 옷을 구입한다. 구두쇠처럼 아끼고 절약하는 스타일은 아니지만 기본적으로 눈이 낮기 때문에, 아니 긍정적으로 표현해서 행복의 기준선이 낮기 때문에 이런 생활이 가능하다고 본다.

나도 부모님처럼 행복의 기준선이 낮다. 부모님은 다른 여러 유전자도 물려주었지만(좋은 것도 많지만 나쁜 것도 그만큼 많다) 작은 일에도 행복을 찾고 느낄 수 있는 마음의 본보기도 보여주었다.

얼마 전 온 가족이 함께 한밤중에 맥도날드에 가서 디저트를 먹었다. 10대 후반에 접어든 내 아이들은 요즘 각자 방에 처박혀서 스마트폰과 함께하는 삶을 살고 있는데, 이날은 오랜만에 서로 얼굴을 마주 보고 웃으며 이야기를 나눴다. 그날 나는 기분이 무척 좋아서, 밤에 맥도날드에서 디저트를 먹을 수 있고 아침에 맥모닝을 먹을 수 있는 인생은 썩 괜찮은 인생인 것 같다고 했다. 그러자 남편이 아이들에게 말했다. 이것 봐라, 너희 엄마처럼 작은 것에도 행복할 수 있는 사람이 되어야 한다. 호텔 조식 뷔페를 먹어야만 사는 것 같은 사람이라면 이런 기쁨이 얼마나 하찮아 보이겠느냐. 사람은 역시 행복의 기준선이 낮아야 하는 것이다. 그러자 아이들이 어이없다는 듯 웃었다.

밤에 맥도날드에서 디저트를 먹을 수 있고 아침에 맥모닝을 먹을 수 있는 인생. 꼭 맥도날드가 아니라도 상관없다. 나도 자주 하는 일은 아니다. 그러나 언제든 그럴 수 있는 인생은 꽤 괜찮은 것 같다. 밤에 다디단 디저트를 먹어도 위험하지 않은 건강 상태, 맥도날드의 디저트와 맥모닝 정도는 가볍게 먹을 수 있을 정도의 재정 상태, 그리고 굳이 하지 않아도 좋을 일을 작은 기쁨을 위해 시도할 수 있는 여유로운 마음 상태. 그런 것을 모두 갖추기란 무척 어려운 일 같기도 하고 무척 쉬운 일 같기도 하다.

그날 우리는 말기 암 선고를 받고 입원 중인 시아버지를 병문안하고 돌아오는 길이었다.

시아버지는 한 달에 150만 원 정도의 국민연금을 받았다. 재산은 작은 아파트 한 채가 전부. 시어머니가 살아 계실 때는 부족한 돈이었지만 어머니가 돌아가신 후에는 아버님 혼자 그 돈을 다 못 썼다. 그럴 수 있는 이유는 아버님이 소위 '무욕의 결정체'인 분이기 때문이었다.

아버님은 TV를 보거나 무협지 읽는 것 말고는 별다른

취미가 없었다. 움직이는 것은 질색, 집 밖으로 몇 날 며칠을 나가지 않아도 아무렇지 않아 했다. 아버님의 생활비 대부분은 부식비, 그리고 가스요금이었다. 추운 것을 질색하는 아버님은 1년 내내 집 안을 온실처럼 덥게 해두고 지냈다. 부식비 대부분은 고깃값에 들어갔다. 아버님은 흰쌀밥에 삼겹살, 그리고 익힌 김치에 막걸리 한 병이면 더 원하는 게 없는 사람이었다.

아버님의 인생이 아주 좋아 보이지는 않았다. 본인이 원하는 대로 살았으니 뭐라고 할 수 없지만, 노년을 좀 더 풍요롭게 보냈으면 하는 마음도 있었다. 그런데 풍요로운 노년이란 어떤 걸까? 세상에서 고립되기보다는 세상과 연결되기, 가족들과 좋은 추억을 많이 쌓기, 하고 싶었으나 하기를 미루었던 일들을 드디어 해보기. 뭐 그런 걸까? 하지만 그렇게 풍요로운 노년을 누리는 이가 몇이나 될까?

그럼에도 아버님이 100만 원 조금 넘는 돈으로 그럭저럭 평온한 생활을 영위하는 것을 보면 안심이 됐다. 아, 저 정도면 일단 살 수는 있겠구나. 비참하지 않게 살 수 있구나. 아버님이 매달 쓰고 남은 생활비는 차곡차곡 통장에 쌓여서 갑자기 큰돈을 쓸 일이 생겨도 걱정이 안 됐다. 여윳돈이 있다는 감각은 아버님에게도 안정감을 준 듯했다. 실제로 갑작스럽게 말기 암 진단을 받았을 때에도 연금과 예금 덕분에 치료비를 걱정하지 않았고, 건강보험공단의 중증질환 산정특례제도의 큰 도움마저 받았다. (건강보험 끝까지 지키리!)

73세의 아버님은 아내를 잃은 지 6년 만에, 한 달 정도의 짧은 투병 끝에 돌아가셨다. 비교적 조용한 죽음이었다. 아버님의 장례를 치르는 데는 천만 원 정도가 들었다.

물론 이들의 노년은 특별한 사례일 수도 있다. 그들이 젊은 시절 한 직장에서 오랫동안 성실하게 일하며 꽤 높은 액수의 연금을 꼬박꼬박 납부했기 때문에 가능한 생활인 것이다. 큰 병을 앓거나 불의의 사건과 사고로 가계가 기울거나 몸이 아파 거동이 불편한 상황이 아니었기 때문이기도 하다. 그들 인생에 회복이 불가능할 정도의 불상사가 없었기 때문이기도 하다.

나는 그렇게 살 수 있을까? 일단 내가 받을 수 있는 연금은 너무나 적어서 거의 없다고 봐도 좋다. 아마도 65세까지, 할 수 있으면 70세까지는 일해야 할 텐데 그럴 수 있을까? 대체 얼마를 모아야 안정적인 노후를 보낼 수 있을까?

종종 내 인생에서 있어도 그만, 없어도 그만인 것들의 리스트를 작성해보곤 한다. 나는 이런 일을 좋아한다. 마치 어린 시절에 미래에 살고 싶은 집의 도면을 그려볼 때와 비슷한 기분이다. 다만 여기에는 조건이 붙는다. 이런 리스트의 작성은 여러모로 여유가 있을 때 미리미리 해두는 게 좋다. 땅이 흔들리고 대들보가 무너지고 쌀이 떨어졌을 때에는 웬만큼 낙천적인 사람이 아니라면 이런 일이 전혀 즐겁지 않을 테니까. 나는 비관적인 데다 돌발 상황이 발생하면 스트레스를 많이 받는 타입이라서, 이렇게 미리 준비를 해두면 오히려 막연한 두려움과 불안이 명확한 형태로 드러나 마음이 편해진다.

그런 식으로 내 노후에 얼마만큼의 돈이 필요할지 대충이나마 계산해본다. 돈보다 더 괴로운 게 외로움이라는데, 지금은 미래의 외로움까지 생각할 여유가 없다. 우선 지금 내가 얼마나 쓰고 있는지를 파악할 필요가 있다. 그중에서 필수적인 것과 필수적이지 않은 것을 구분할 필요도 있다.

자, 일단 식비와 주거비는 필수다. 어차피 나는 외식을 즐기지 않는다. 외식은 주 1, 2회면 충분하다. 그 이상이면 살이 찌고 건강에도 좋지 않으며 감동도 줄어든다. 좋은 것은 아껴뒀다 즐겨야 더 값지다는 것이 나의 지론이다. 질 좋은 식재료를 알뜰하게 써서 요리해 먹는 생활은 지난 십수 년간 해왔기 때문에 익숙하다. 노후에 일을 하지 않아 시간이 많으면 냉장고를 살뜰하게 파먹을 여유도 더 누릴 수 있을 거다.

넓은 집은 부담스럽다. 청소하기 번거롭고, 넓어서 아늑한 느낌이 없어 왠지 불안하고, 난방비를 비롯한 유지비도 많이 든다. 30평형대 아파트의 뻔한 구조도 마음에 들지 않는다. 내 친구는 최근 20평형대 초반의 아파트로 이사했는데, 신축 아파트가 아님에도 하루종일 볕이 잘 들어 한겨울 난방비가 3만 5천 원밖에 나오지 않았다고 했다. 그 말을 듣고 우리도 작고 볕 잘 들고 단열이 잘된 집으로 옮길 계획을 세웠다. 아파트를 별로 좋아하지 않으므로 빌라여도 괜찮고, 여러 좋지 않은 조건의 집들을 거치며 웬만한 집은 내가 좋아하는 곳으로 만들 수 있다는 자신감도 생겼으므로 어디든 크게 상관없다.

다음은 문화생활. 우리는 거의 매달 인천시립교향악단의 정기연주회에 간다. 티켓 가격은 만 원, 인천 시민은 8천 원이다. 65세 이상 노인은 50퍼센트 할인도 된다. 수준 높은 콘서트홀에서 오케스트라의 연주를 이 가격에 감상할 수 있다니 고마울 정도다. 바로 옆 동네에는 구립 영화관인 '영화공간 주안'이 있다. 아늑하고 쾌적한 시설에서 좋은 영화를 한 달 내내 틀어준다. 심지어 가격은 7천 원, 문화가 있는 날인 매주 수요일은 6천 원에 불과하다.

구립 문화센터에서 주최하는 공연도 3, 4만 원 안팎이다. 얼마 전에는 집에서 걸어가 페퍼톤스의 공연을 2만 원 정도에 보고 왔고, 부두에서 열린 인디밴드들의 공연을 무료로 즐기고 왔다. 그 밖에도 내가 사는 동인천에는 크고 작은 전시 공간이 많고 문화 행사도 자주 열려, 부지런하기만 하다면 놀거리는 널려 있다.

넷플릭스와 스포티파이를 구독하는 데는 한 달에 각각 만 원 정도가 든다. 책은 도서관에서 빌려 읽다가 너무 좋으면 사서 소장한다. 우리의 여가 생활은 대개 동네 카페에 가서 커피 한 잔을 마시며 책을 읽거나 일을 하거나 스마트폰을 뒤적거리거나 하는 것이다. 그러는 데는 큰돈이 들지 않는다.

옷은 이미 충분히 가지고 있으므로 가끔 부족한 아이템만 하나씩 구입한다. 충동구매는 지난 30년간 수도 없이 했다. 이제는 몇 번 입다 버릴 옷이 아니라 평생 입을 좋은 옷을 고르기 위해 고민하고 또 고민한다. 그 과정도 꽤 즐겁다. 그리고 나는 이미 물건을 파는 일을 하고 있기 때문에 물욕은 거의 사라졌다고 봐도 좋다.

무엇보다 우리 동네, 동인천 구도심은 산책하기 좋은 동네다. 어디로 가도 조금씩 낯설고 이국적인 풍경이 펼쳐지기 때문에, 그리고 구석구석 맛집이 숨어 있기 때문에 이곳에 이사 온 후 여행 욕구가 대폭 수그러들었다. 1년에 한 번에서 두 번, 좋아하는 고베나 교토에 가는 여행은 친구와 한 달에 10만 원씩 저축한 돈으로 충당하고 있다.

이런 리스트를 수없이 썼다 지우기를 반복하면서 느낀 것은 자기만의 절약과 사치의 기준을 만들어둘 필요가 있다는 거였다. 내 경우에는 한끼 때우기 위해 식당에서 먹는 밥값은 너무 아깝다. 그럴 바에는 그냥 맨밥에 김이나 싸서 먹는 게 낫다. 하지만 오늘은 정말 맛있는 게 먹고 싶어, 라는 기분이 들 때 늘 찜해두었던 맛집에서 먹는 한끼는 감동이다. 그 돈은 조금도 아깝지 않다.

좋아하는 카페에서 비싸고 맛있는 커피를 마시며 그 공간의 분위기를 즐기기 위해 집에서 국에 밥을 말아 먹고 나간다. 티셔츠는 싼 것으로 사지만 재킷은 비싸도 질이 좋은 것으로 산다. 마찬가지로 늘 천 가방을 들고 다니지만 운동화는 편하고 좋은 것으로 산다. 그건 남이 정해줄 수 없는, 내가 살아오면서 조금씩 만들어온 나만의 기준이다.

이렇게 열심히 계획을 세워도 불안 요소는 존재한다. 우리의 인생에도 예상치 못한 변수들이 등장할 것이다. 건강 문제도 안심할 수 없고 사업이 생각보다 빨리 망할 수도 있으며 수년간 악재의 연속일 가능성도 배제할 수 없다. 그런 것들이 나를 걱정스럽게 한다. 가끔은 걷잡을 수 없이 불안해질 때도 있다.

내 안에는 언제나 나를 걱정하고 나를 믿지 못하고 나를 비난하는 목소리가 있다. 넌 아무것도 할 수 없어. 넌 아무것도 할 줄 모르니까. 네가 뭘 어떻게 하겠어? 불안에 사로잡힐 때 그 목소리는 다른 모든 목소리를 압도한다. 대체 네가 뭘 할 수 있겠어?

나는 두려움에 사로잡힌다. 혼란스럽다. 나는 아무것도 못 해. 그 모든 불행과 불운과 불상사 앞에서 내가 할 수 있는 것은 아무것도 없어.

그러나 아직 아무 일도 일어나지 않았다. 어떤 일도 일어날 수 있으며 어떤 일도 일어나지 않을 수 있다. 지나치게 구체적으로 상상하는 미래는 불안을 자초한다. 시간이 지나고 조금씩 불안에서 풀려나면 다시 무모할 정도로 낙천적인 나로 돌아온다. 자 자, 지금까지도 넌 어떻게든 해왔잖아. 그러니까 앞으로도 어떻게든 해나갈 수 있을 거야.

그러니까 몸에 힘을 빼. 어깨를 펴. 숨을 깊게 들이쉬고 오래 내쉬어. 그리고 벌어지는 일들에, 시간에 너를 맡겨. 시간을 통제하려는 마음을 버려. 너는 그렇게 대단한 존재가 아니야. 마치 파도에 몸을 맡기듯 거기에 몸을 맡겨.

아직도 잊지 못하는 어릴 적 즐거웠던 하루가 있다. 여름방학이었다. 나는 엄마, 고모와 함께 속초의 할머니 집에서 버스를 타고 고성의 삼포해수욕장에 놀러갔다. 날씨는 맑았지만 해수욕장의 파도는 무척 거셌다.

엄마와 고모는 해변에 앉아 이야기를 하고 나는 혼자

파도를 맞으며 놀았다. 해변에서 조금 멀리 나가면 반드시 파도가 밀려와 나를 덮쳤고, 파도에 휩싸인 채로 눈도 뜨지 못하고 해변으로 내동댕이쳐졌다. 그러면 다시 파도를 맞으러 앞으로 나아갔다가 이내 내동댕이쳐지기를 반복했다.

그 느낌, 나보다 훨씬 더 크고 나보다 훨씬 더 힘이 센 파도에 속수무책으로 휩쓸렸다 던져지는 그 느낌이 너무나 짜릿했다. 눈과 코와 귀와 입으로 바닷물이 잔뜩 들어오고 두들겨 맞은 듯 몸이 너덜너덜해져도 즐겁기만 했다. 파도가 다가오는 게 보일 때마다 조금 무서웠지만 그래서 더 신이 났다. 그 놀이를 하는 동안 나는 파도에 휩쓸릴 때는 몸에 힘을 빼야 이걸 더 즐길 수 있다는 사실을 알게 됐다.

그래, 그 느낌과 그 기분을 잊지 말자. 파도에 몸을 맡길 때, 몸에 힘을 빼고 그저 파도가 나를 내동댕이치기를 긴장하면서 기대할 때의 그 느낌과 기분을 잊지 말자. 만신창이가 되어도 또 즐겁게 일어섰던 그날의 씩씩한 나를 잊지 말자. 그걸 잊지 않으면 무슨 일이 일어나든 어떻게든 살아나갈 수 있을 것이다.

무엇보다 노후 계획 같은 데 너무 집착하지 말자. 지금 하루하루 잘 살아가는 것이 최선의 노후 계획이다. 그리고 그보다 더 중요한 건 이건데, 자기가 몇 살까지 살지 아는 사람은 없다.

자 자, 지금까지도 넌 어떻게든
해왔잖아.
그러니까 앞으로도 어떻게든
해나갈 수 있을 거야.
그러니까 몸에 힘을 빼. 어깨를 펴.
숨을 깊게 들이쉬고 오래 내쉬어.
그리고 벌어지는 일들에, 시간에
너를 맡겨.
시간을 통제하려는 마음을 버려.
너는 그렇게 대단한 존재가 아니야.

마음의 노래　　　Track 06

Fujii Kaze, 〈Garden〉

어느 날 고3 딸이 일본 가수의 콘서트에 간다고 했습니다. "누구?" 하고 물으니 "후지이 카제라고 엄만 몰라"라고 답했습니다. 저는 당장 검색을 해봤지요. "뭐? 이 아저씨?" 놀라서 묻자 딸은 "아저씨 아니야! 노안이야…"라고 하더군요. 그렇게 알게 된 가수 후지이 카제의 〈Garden〉이라는 노래를 저는 좋아하게 됐습니다. 번역된 가사를 보니 제가 살던 산 아래 빌라의 창문 밖으로 보이던, 엄청나게 나이든 할머니의 정원 생각이 났어요. 할머니는 90세는 넘어 보이셨는데요, 봄부터 가을까지 매일 집 앞 조그마한 텃밭에서 꽃을 가꾸셨어요. 할머니의 정원이 상추밭도 아니고 대파밭도 아니고 고추밭도 아닌 꽃밭이라는 게 인상적이었습니다. 할머니는 매일 파리채를 가지고 느릿느릿 걸어나와서 벌레를 잡기도 하고 잠시 걸터앉아 정원을 바라보기도 하고 물을 주기도 했어요. 갓 마흔을 넘긴 저는 설거지를 하며 그 모습을 훔쳐보곤 했습니다. 그러다가 어느 날 문득 그런 생각이 들더라고요. 사람의 삶도 정원을 가꾸는 것과 같지 않을까? 어떤 사람의 정원은 일본에서 본 무사의 정원처럼 크고 멋드러질 수도 있고, 또 어떤 사람의 정원은 담양의 소쇄원처럼 소박하고 자연스럽겠지요. 그리고 또 어떤 사람의 정원은 할머니의 그것처럼 작고 수수할 겁니다. 크기가 어떻든 모양이 어떻든 우리는 자기만의 정원에 씨를 뿌리고 모종을 심고 물을 주고 벌레를 쫓으며 가꿔나갑니다. 사람들의 정원은 제각기 다른 모습을 하고 있을 것이고, 그저 그것으로 충분하지 않나 싶었어요. 노후 대비도 그저 정원을 가꿔나가는 것처럼 하고 싶습니다. 내년에는 저의 정원에 또 어떤 씨를 뿌리고 어떤 꽃을 심을지 고민을 좀 해봐야겠어요.

마음의 문제

제3장

내가 원하는 삶의 모습이 남들과는
조금 다를지라도, 아주 작은 것부터
내가 원하는 방향으로 움직이기
시작한다면 어느덧 내가 원하던 삶에
가까워져 있을 것이라고

웃으면서 달리는 법

 달리기에 대해서라면 언제나 할 말이 많다. 거의 모든 책에 달리기 이야기를 쓴 것 같다. 누가 보면 풀 마라톤 완주라도 하는 사람인 줄 알겠지만… 또 한 번 자백합니다. 저는 일개 건강 달리기인일 뿐입니다.

 운동에는 취미도, 재능도 없다. 그럼에도 활동적인 성격이라서 어릴 때는 매일같이 파쿠르하듯이 뛰고 구르고 매달리고 떨어지며 놀았다. 반대로 규칙이 있는 스포츠에는 보는 것도, 하는 것도 전혀 흥미를 느끼지 못한다. 그런 내가 30대 중반의 어느 날 갑자기 달리기를 시작했다. 집 앞에 시립 육상경기장이 있었는데, 그 위를 달리는 건 어떤 기분일지 궁금해졌기 때문이다. 그때만 해도 아직 어리던 아이들이 씨름장에서 콧물을 흘리며 모래놀이를 하는 동안 나는 트랙을 빙글빙글 돌면서 아이들에게 손을 흔들곤 했다.

그 후 10여 년 동안 달리다 말다 하다가 40대 중반이 된 요즘은 다시 꾸준히 달리고 있다. 그렇게 된 이유는 허리 때문이다. 원래 허리가 튼튼한 편이 아닌 데다 자세도 나빠서 늘 허리가 아팠다. 4.3킬로그램으로 태어난 둘째를 낳을 때는 정말로 허리가 끊어지는 줄 알았다. 출산 후 거의 1년 동안 양말 신기도, 발톱 깎기도 힘들었다. 허리가 낫는 데 도움이 될까 싶어 청소년 수련관에서 7년 동안 요가 수업을 들었다. 전보다 유연해지기는 했지만 허리는 계속 아팠다.

직업 특성상 앉아 있는 시간이 많으니 허리는 갈수록 나빠졌다. 살짝 발을 헛디뎌도 허리를 삐끗했고, 높은 곳에 있는 물건을 꺼내다가도 허리를 삐끗했고, 누워서 몸을 돌리다가도 허리를 삐끗했다. 재채기 한 번에도 지축이 흔들리듯 충격이 와서, 재채기가 나올 것 같다는 예감이 드는 순간 '앗, 내 허리!' 하고 겁부터 났다. 아아 요통인의 슬픔….

가장 심할 때는 앉아도 누워도 서도 아픈 통증이 무려

5개월이나 지속됐다. 자는 동안에도 몸을 돌릴 때마다 허리가 아파 깼고, 눈뜨자마자 시작되는 발끝까지 저릿저릿한 방사통 때문에 매일이 우울했다. 뭘 하려고 해도 허리가 아파 주저하게 됐다. 물론 달리기도 할 수 없었다. 병원에 가도 심한 디스크는 아니라며 통증을 경감하는 주사만 권할 뿐, 근본적인 치료법은 없는 듯했다.

그즈음 읽은 필립 로스의 소설 『에브리맨』에는 그림을 그리는 나이들고 매력적인 여자가 등장했는데, 허리가 아파서 꼼짝도 못 하고 눈물을 흘리며 송장처럼 누워 있었다는 문장이 나왔다. 결국 그 여자는 허리가 아파 목숨을 끊었던가…? 오오, 나도 그 여자처럼 될지도 모른다고 생각하니 몸서리가 다 쳐졌다.

그러던 중 병원 물리치료실에서 귀인을 만났다. 그는 중년의 남자 물리치료사였다. 뭘 해도 차도가 없다는 내게 그는 이렇게 조언해주었다.

"피곤하면 박카스를 먹나요? 아니요, 쉬어야죠. 허리도 마찬가지예요. 허리가 아프면 허리를 쉬게 해야죠. 약이고 주사고 수술이고… 자세가 가장 중요해요. 그것밖에는 없어요."

역시 귀인은 세상 곳곳에, 특히 물리치료실의 커튼 안쪽 같은 곳에 존재하는 법이었다.

귀인의 말씀에 감명받아 나는 자세와 휴식에 신경을 쓰는 한편, 디스크의 비수술적 치료를 권장하는 의사가 쓴 『백년 허리』라는 요통인의 바이블을 꼼꼼히 읽었다. 요즘 내가 '허리 선생님'이라 부르는 저자 정선근 교수는 대부분의 요통이 5개월이면 자연적으로 사라진다고 했다. 그의 말대로 5개월째가 되자 놀랍게도 지긋지긋한 방사통이 조금씩 사라지기 시작했다. 원래는 발끝까지 저리던 것이 종아리까지 올라왔고, 어느 순간 허벅지를 지나더니 5개월이 다 지나기 전에 더이상 아프지 않다는 걸 깨닫게 되었다.

나의 허리 선생님 역시 물리치료실의 귀인과 같은 이야기를 했다. 아픈 허리에 좋은 운동은 없다. 허리에 좋은 자세를 취한 채 낫기를 기다려야 한다. 책에 따르면 거의 대부분의 운동 및 스트레칭이 아픈 허리에 무리를 주는 동작들이었는데, 허리 선생님은 그나마 괜찮은 운동이 걷기와 달리기라고 했다. 좋아, 선생님의 말씀을 받들어보자. 두 번 다시 수개월씩 이어지는 끔찍한 요통을 겪고 싶지 않았다. 그래, 다시 진지하게, 열심히 달려보자.

해 질 무렵 집 뒤의 소박한 트랙을 달린다. 머리를 질끈 묶고, 오늘 빨아도 좋을 티셔츠와 무릎이 나온 트레이닝팬츠를 입고, 너무 오래 신어 앞부분에 구멍이 뚫리고 바닥이 닳은 러닝화를 신은 차림이다. 기록은 재지 않고 거리를 늘릴 계획도 없다. 러닝 앱도 쓰지 않는다. 러닝 동호회에는 절대로 가입하지 않을 거라는 다짐에도 변화가 없다. 마라톤 대회? 죽어도 안 나간… 아니 못 나간다.

나는 언제나 기록에는 관심이 없다. 애당초 세워야 할 기록이 없다. 달성하고픈 목표도 없다. 생각해보니 목표 없이 산 지 너무 오래되었다. 20대 이후로는 인생이 난관의 연속이라 그 난관들을 헤치고 나오느라 정신이 없었다. 지금 나에게는 허리가 아프지 않은 사람이 되고 싶다는 것 외에는 별다른 목표도 야심도 없다.

그렇게 달리다보면 다른 러너들이 쉴 새 없이 옆으로 추월해 간다. 살을 빼거나 체력을 키우고 싶어 달리는 사람들은 대개 발소리가 크고 팔이나 다리를 요란하게 흔들며 숨을 헉헉 몰아쉰다. 그들은 빠르게 달리다가 천천히 걷기를 반복한다. 진짜 러너들은 티가 난다. 일단 옷을 거의 입지 않았다. 팔다리는 물론 온몸이 섬세하고 탄탄한 근육질이다. 땀으로 번들거리는 그을린 몸으로 그들은 조용히, 그리고 가볍게 달린다. 신체의 모든 부분이 하나의 목표를 향해 집중하고 있는 느낌이다. 달리는 것. 계속해서 달리는 것. 어제의 나를 넘어서는 것. 관성을 거스르는 것. 앞으로 나아가는 것. 그것이 그들의 유일한 목표처럼 보인다.

이 트랙에서 나는 가장 느리게 달리는 사람이다. 나도 모르게 조바심이 난다. 속도가 빨라진다. 숨이 차다. 다리가 아파온다. 심장과 폐가 쓰라린 통증의 신호를 보낸다. 이때가 질문이 떠오를 때다. 대체 내가 여기서 왜 이러고 있는 걸까? 이게 다 무슨 소용일까?

생각해보면 나는 모든 면에서 이런 식이었다. 열심히 일하고 돈을 벌고 또 열심히 일하고 돈을 벌다보면 같은 질문이 떠오른다. 대체 내가 왜 이러고 있는 걸까? 이게 다 무슨 소용일까? 공부라고는 하지 않는 아이들에게 너 그러다 어쩔래? 어떻게 살려고 그래? 하고 다그치다보면 또 같은 질문이 떠오른다. 대체 내가 왜 이러고 있는 걸까? 이게 다 무슨 소용일까?

이런 질문을 하지 않을 수 있었다면 내 인생은 훨씬 단순해졌을 것이다. 최소한 내 아이들은 혼란스럽게 만들지 않았을지도 모른다. 열심히 일하는 것은 좋은 것이다. 돈은 많을수록 좋다. 공부는 반드시 해야 한다. 성실과 노력은 인간이라면 기본적으로 갖춰야 할 자질이다. 이렇게 단정할 수 있었더라면 나는 인생의 대부분을 우물쭈물하면서, 파티에 초대받지 못해 입구에서 서성거리는 불청객처럼 허비하지 않을 수 있었을지도 모른다. 그럴지도 모른다. 가정의 세계에서는 뭐든 가능하다.

달리면서 그 답을 생각해본다. 정답은 없지만, 답은 매번 달라지지만, 그래도 생각이란 걸 해본다. 어차피 달리 할 일도 없으니까. 열심히 일하는 게 과연 좋은 걸까? 돈이 많은 게 좋기만 한 걸까? 공부는 왜 해야 할까? 인간은 반드시 성실하고 어떤 상황에서든 반드시 노력해야 할까? 나는 '그렇다'고 말할 수 없다. 열심히 일하고, 열심히 돈 벌고, 열심히 공부하고, 누구보다 성실했고, 누구보다 노력의 힘을 믿었던 나는 얼마 전 완전히 망가졌었다. 그런 내가 어떻게 아이들에게 나처럼 살라고 말할 수 있겠는가?

그러나 그게 아니라면 어떤 삶이 존재하는 거지? 그게 아니라면 어떻게 살아야 하는 거지? 나는 그걸 모른다. 그런 삶은 살아본 적이 없기 때문이다. 그건 내가 아는 것이 아니기 때문이다. 그래서 내 답은 이랬다가 저랬다가 한다. 질문은 또 이어진다. 대체 내가 왜 이러고 있는 걸까? 이게 다 무슨 소용일까? 나는 나보다 빠르게 달리는 러너들의 뒷모습을 지켜본다. 저들은 왜 저러고 있는 걸까? 저게 다 무슨 소용일까?

얼마 전, 나 같은 사람에게 알맞은 달리기는 러닝이 아니라 조깅이라는 것을 알게 됐다. 달리기에 관련된 인스타그램 게시물을 몇 개 보다보니 어느 순간 검색 탭의 게시물들이 죄다 달리기에 관한 것으로 가득찬 적이 있었는데, 한 영상에서 어떤 이가 말했다. 건강을 위해서라면 빨리 달릴 필요가 없다고. 1킬로미터당 9분에서 10분 사이의 속도로 달려도 충분하다고. 그는 정말로 천천히, 산책하는 것만큼이나 천천히 달렸다. 이렇게 심박수가 너무 빨라지지 않도록 30분가량 천천히 달린다. 전혀 숨이 차지 않아서 달리면서 대화를 나눌 수 있을 정도다. 달린 후에도 더 달릴 수 있을 것 같은 기분이 든다.

그때부터 나는 평소보다 더 천천히 달리기 시작했다. 일정한 속도를 유지하면서 천천히 달리기도 쉬운 일은 아니다. 컨디션이 좋으면 자꾸 속도가 빨라진다. 옆으로 다른 이들이 휙휙 지나쳐가면 속도가 빨라진다. 내 페이스를 잃는다. 그럴 때마다 나 자신을 타이른다. 말의 고삐를 부드럽게 쥐었다가 펴듯이 나에게 말해준다.

저들과 너는 가고자 하는 길이 달라. 저들의 목표는 어제보다 더 빨리 달리는 것일지도 모르지. 좋은 기록을 내고 싶은지도 모르고, 대회에 출전하려는지도 몰라. 뭐가 됐든 너는 아니야. 그런 마음은 조금도 없다는 거 다 알고 있어. 너는 기록에도 관심 없고 목표도 없고 대회에 나가지도 않을 거야. 너는 그냥 오늘도 달리고 내일도 달릴 수 있으면 족해, 그렇지 않아? 과정 자체가 네 목표인 거야. 무척 단순해.

과정 자체가 내 목표다.

퇴근 후 아이들의 저녁을 대충 차려주고 운동복으로 갈아입는다. 일주일에 세 번은 쿵후를 배우러 도장에 가고, 세 번은 달리기를 하러 운동장으로 간다. 이미 녹초가 된 상태지만 정해진 루틴이기 때문에 별 생각 없이 해치운다. 옷을 갈아입고 나니 문득 마음이 조금 무거워진다. 이런 생각이 스친다. 이래도 되는 걸까? 이렇게 뭔가를 계속 해치우며 살아도 괜찮은 걸까?

마음속에 의심이 떠오른다. 어쩌면 아무것도 하지 않을 때의 공허함을 이기지 못해 끊임없이 이것저것을 하고 있는 거 아닐까? 왜 나는 아무것도 하지 않을 때 자유롭기보다는 공허해지는 거지? 망망대해 위 작은 보트에서 저 멀리 밀려오는 태풍을 보고 있는 사람처럼 불안해진다. 내가 또 뭘 잘못하고 있나 걱정이 된다.

이 순간 나는 평소에는 당연했던 내 마음의 상태를 좀 더 자세히 들여다보기로 한다. 내 불안의 근원을 들여다보려 한다. 어쩌면 이건 일중독의 연장이 아닐까? 중요한 것을 잊기 위해 뭔가를 열심히 하는 척하는 것. 그런데 중요한 건 뭘까? 운동보다 더 중요하게 해야 할 것이 뭐라고 나는 생각하는 걸까? 음… 미래에 대해 걱정하고 불안해하기?

우습고 놀랍게도 그랬다. 나는 걱정과 불안 그리고 그에서 비롯된 성찰과 반성과 계획의 시간을 갖는 대신에 운동을 하는 것을 비겁한 행위라고 생각했던 것이다. 나의 아주 오래된 나쁜 버릇. 생각하지 않는 상태를 견디지 못하는 것. 그 누구에게도, 그 무엇에도 의존하지 않으려 하는 것. 의존을 비겁하게 여기는 것. 의존을 두려워하는 것.

대학 시절, 연극 연습 전 몸풀기 시간에 우리는 다른 이와 손을 맞잡은 뒤 그를 향해 몸을 던져야 했다. 그가 나를 놓지 않을 것이라 믿고 말이다. 나는 내 앞에 선 낯선 선배를 조금도 믿을 수 없었기 때문에 몸을 던질 수가 없었다. 지금 와서 뭔가에 의존하려니 그때와 비슷한 기분이 든다. 어색하고 민망하고 두렵기 짝이 없다. 더불어 무언가에 나 자신을 의존하는 행위가 불순한 게 아닐까 걱정스럽다.

그러나 따지고 보면 이미 나의 하루하루는 의존으로 굴러가고 있다. 나는 내 약한 발을 감싸주는 러닝화에 의존한다. 기분을 좋게 해주는 맛있는 커피와, 달리기 후 들이키는 차가운 맥주에 의존한다. 브래지어에 의존하고 트레이닝팬츠에 의존한다. 맥북과 아이패드와 아이폰, 즉 애플에 의존한다. 냉장고에 의존하고 세탁기에 의존하고 식기세척기에 의존한다. 남편에게, 부모님에게, 아이들에게, 친구에게 의존한다. 네이버에 의존하고 구글에 의존하고 넷플릭스에 의존하고 인터넷 통신망에 의존한다. 영화와 책과 음악에 의존한다. 시장에, 슈퍼에, 편의점과 마트에 의존한다. 한전과 가스공사와 수도공사와 건강보험과 국민연금에 의존한다. 정부에 의존하고 지구에, 더 나아가 태양계에 의존한다.

　나 혼자서는 그 무엇도 불가능하다. 생활을 꾸려나가며 제정신으로 버티기는커녕, 살아남을 수조차 없었을 것이다. 이미 무수히 많은 것들에 의존하고 있으면서도, 나는 내가 의존하지 않는다는 착각에 빠져 있었다. 더불어 무엇에도 의존해서는 안 된다며 스스로를 몰아붙이고 있었다. 그런 거였구나. 그런 거였어.

　나는 그런 생각들을 하며 운동장으로 걸어간다. 마음이 조금 가벼워진다. 천천히 달리기 시작한다. 하늘을 바라본다. 한 바퀴 달릴 때마다 구름이 다른 모양을 만들고, 부드러운 초록 나뭇잎들이 바람에 차분하게 흔들린다. 저 멀리 서쪽에서 해가 지고 있다. 그래, 나는 이 모든 것들의 촘촘한 연결망 속에 존재한다. 이것들이 없다면 나는 아무것도 아니다. 그렇게 생각하니 오히려 마음이 편해졌다. 내가 다 책임지지 않아도 된다는 것, 이미 기대고 있으니 더 적극적으로 기대도 된다는 것, 지금보다 더 무책임해져도 된다는 것, 그래도 죽지 않는다는 것.

　매일 저녁, 한 시간 동안 쿵후 수련을 하거나 40분씩 천천히 달린다. 그런 것에 나라는 미약한 존재를 의지한다. 그 덕분에 나는 잠시 동안이나마 잡생각에 빠지지 않을 수 있게 되었고, 건강한 몸을 갖게 되었다. 그러면 됐다. 그러면 된 거다.

달리기는 좋다. 조깅은 더 좋다. 나는 '달리면서 웃을 수 있어야 조깅'이라는 말을 생각한다. 그래서 내가 달리고 있는지 조깅을 하고 있는지 알기 위해서 한 번씩 웃어본다. 그렇게 쉬지 않고 천천히 열일곱 바퀴를 달린다. 조깅을 한다고 해서 달리는 내내 웃음이 나올 정도로 즐겁지는 않다. 숨은 차지 않아도 다리가 아프거나 발목이 시큰거리거나 한다. 대개는 언제 끝나나… 하는 생각의 연속이다. 그래도 웃을 수는 있다. 적어도 웃을 수는 있다.

웃을 수 없을 때는 속도를 늦춘다. 조금 더 천천히 달린다. 그래도 괜찮다. 빠르게 달리든 느리게 달리든 어쨌든 달리고 있으니까. 나는 이 트랙에서 가장 천천히 달리는 사람이다. 그렇지만 달리기를 멈추지는 않는다. 뛰다가 걷다가 하는 일은 없다. 아무리 천천히 달리더라도 달린다. 걷지 않는다. 나는 러너가 아니라 조거다.

40대 후반의 나이, 이제 와서 무언가가 되어야 한다면, 무언가가 될 수 있다면 나는 그냥 허리가 튼튼한 사람이나 되고 싶다. 더불어 다리도 튼튼해지면 좋겠다. 군살이 적당히 빠지면 더 좋겠지. 전신에 근육이 적당히 붙은 사람이 되고 싶다.

열일곱 바퀴, 40분이 조금 넘는 시간을 계속해서 달리고 난 후에는 미련 없이 트랙에서 나온다. 구석에서 가볍게 스트레칭을 한다. 이마에 흐르는 땀을 닦으며 집으로 터덜터덜 걸어간다. 아무리 달려도 나의 고민과 걱정과 불안은 어디로 가지 않는다. 그것들은 여전히 거기 남아 있다.

그러나 오늘 하루도 그럭저럭 끝났다. 오늘이 아무리 거지 같았다 한들, 내 인생이 말도 못 하게 막막하다 한들 나에게는 달리기가 있다. 달리기는 나라는 사람의 완벽하지도 우아하지도 성공적이지도 못한 하루에 견딜 만한 마침표를 찍어준다. 이렇게 매일 달리다보면 인생은 따지고 보면 별거 없다는 걸, 그저 하루하루를 잘 보내는 게 중요하다는 걸 알게 된다. 그리고 내일은… 내일의 태양이 떠오를 것이다. 단순하다.

무척 단순하다.

그래도 웃을 수는 있다. 적어도 웃을 수는 있다.

마음의 노래   Track 07

Eric Clapton, 〈Reptile〉

오래전에 에릭 클랩튼의 베스트 앨범 CD를 선물 받았습니다. 잘 알지 못하는 남자애에게서였어요. 그 남자애와는 인터넷 '영퀴방', 영화퀴즈방에서 만났습니다. 30년쯤 전에는 인터넷에서 할 만한 게 그런 것뿐이었어요. 우리는 알지도 못하는 사람들과 실시간으로 대화를 나눌 수 있다는 사실에 흥분했습니다. 저는 영화 제목을 잘 기억하는 타입이었고 그 영퀴방을 만든 동갑내기 남자애와 친해져서 얼마 후에는 대학로에서 만나 수다도 떨었습니다. 우리는 그렇게 남사친 여사친으로 피시방도 가고, 교보문고도 가고, TGI도 가고, 〈고양이를 부탁해〉도 같이 봤습니다. 그 애는 군대에 갔을 때 제게 가끔 편지도 써 보냈지요. 아마도 제 생일에는 에릭 클랩튼의 앨범도 소포로 부쳐왔던 것 같아요. 그 후로도 그 애는 1년에 몇 번쯤 전화를 걸어 "그 영화 제목이 뭐냐?"고 물어보곤 했습니다. 신기한 애였어요. 그 애와의 마지막 통화는 제가 결혼 후 임신했을 때였는데 그날도 영화 제목을 물어봤을 겁니다. 잠시 근황 얘기를 하다가 제가 결혼했다고 하자 그 애는 몹시 놀라더니 서둘러 전화를 끊었어요.

그 후로는 아무 연락을 받지 못했습니다. 아주 오랜 시간이 흘러 40대가 된 저는 달릴 때마다 에릭 클랩튼의 노래를 듣곤 해요. 이 노래를 들으며 달리면 육중한 다리 무게가 조금은 가벼워지는 것 같고 마음도 상쾌해집니다. 그리고 가끔은 그 미스터리한 남자애에 대한 생각도 합니다.

정확한 위로

대학 1학년 때의 일이다. 태어나서 처음으로 집을 떠나 혼자 살게 된 나는 무척 힘든 시기를 보내고 있었다. 어린아이에서 삽시간에 어른이 되어야 했는데 그게 너무 어려웠다. 어려웠다기보다는 당혹스러웠다는 게 맞겠다. 어제까지만 해도 나는 아이였으나 오늘부터는 아무도 나를 돌봐주지 않았다. 아니, 그보다는 땡깡을 부릴 데가 없었다. 이건 내가 아니라 당신 책임이라며 드러누워 발버둥을 치며 원망할 대상이 없었다. 모든 걸 내가 선택해야 했고 모든 게 내 책임이었다. 그건 어릴 때 꿈꿨던 것처럼 그렇게 신나는 일이 아니었다.

그때 내가 살던 군인 자녀 기숙사의 셔틀버스는 저녁마다 잠실역에서 서울 전역의 대학에 다니는 기숙생들을 태워 갔다. 수업이 일찍 끝난 날이면 나는 미리 잠실역에 도착해 버스 시간까지 롯데월드 쇼핑몰이나 석촌호수를 빙빙 돌았다. 그 시절 잠실역 공중전화 부스에서 전화를 걸려면 적어도 20미터 정도는 줄을 서야 했기 때문에(롯데월드 놀이기구 줄이 아니다), 석촌호수 구석 인적이 드문 곳에 있던 공중전화 부스를 단골로 삼아 집으로 전화를 걸곤 했다.

나는 연극영화과에 다니고 있었다. 영화를 전공하게 된 건 특별한 재능이 있었기 때문이 아니다. 나는 〈주말의 명화〉나 열심히 보고 MTV나 파던 촌뜨기 모범생에 불과했다. 하지만 서울 아이들은 달라 보였다. 그 애들은 입학 전부터 학교 연극을 보러 다니며 선배들과 안면을 텄고, 영화 평론 교육이라든가 영화 제작 강좌 같은 것을 들어본 적도 있다고 했다. 처음 만난 자리에서 선배들은 다짜고짜 "너는 어떤 영화를, 어느 감독을 좋아하니?" 하고 물었다. 난생처음 그런 질문을 들어본 나는 "저는 〈빽투더퓨쳐〉를 가장 좋아합니다…"라고 말하며 잔뜩 주눅이 들었다. 모든 이들이 나보다 아는 게 훨씬 많아 보였고 나보다 훨씬 잘나 보였고 나보다 훨씬 세련되어 보였고 나보다 훨씬 활기차고 적극적으로 보였다. 나는 정말 아무것도 아니었다. 내가 왜 여기 있는지 알 수 없었다.

그날도 석촌호수 옆 단골 공중전화 부스에서 엄마에게 전화를 걸어 징징대던 중이었다. 그러다 내가 끝내 "난 재능이 없는 것 같아"라고 말하자 엄마는 한숨을 푹 쉬었다. 그리고 이렇게 말했다.

"어쩌겠니? 내가 널 그렇게 창의력 없는 애로 키운 것을."

그건 아주 오래전의 일이다. 무려 27년 전의 일. 그런데 나는 지금도 그 공중전화 부스에서 내가 보았던 풍경과 수화기 너머 엄마의 목소리를 생생하게 기억한다. 그 말을 듣고 나는 얼어붙었다. 아니, 엄마. 내가 듣고 싶었던 말은 그게 아닌데. 그러나 나는 너무 당황해서 아무 말도 하지 못했다. 어영부영 전화를 끊고 나니 갑자기 화가 솟구쳤다. 엄마가 뭘 안다고!!!

내가 엄마에게 하고 싶었던 말은 이거였다. "아니야, 엄마. 나는 그렇게 창의력이 없지 않아." 하지만 그 말을 할 수 없었으므로 분했다. 분해서 엄마에게 반드시 보여주겠다고 다짐했다. 내가 창의적인 애가 아니라는 엄마의 평가를 뒤집어주고 싶었다.

지금은 엄마가 했던 말의 진의를 안다. 엄마의 실망과 좌절은 딸인 내가 아닌 엄마인 자신에게 초점이 맞춰 있었다. 엄마는 내 고민을 자신의 고민으로 덮어버린 것이었다. 딸에게서 재능이 없는 것 같다는 말을 듣는 순간, 엄마는 내가 저 애를 잘못 키워 이렇게 되었나 싶었을 것이다. 그것이 못내 후회되고 미안하고 걱정스러웠을 것이다. 나도 자식이 있는데 그 마음을 어떻게 모르겠는가. 그러나 내가 그 순간 엄마에게 듣고 싶었던 말은 이것이었다.

"아니야. 넌 재능이 있어. 아직 무르익지 못했을 뿐이야. 그러니까 포기하지 마. 너에게는 재능이 있으니까. 네 재능은 언젠가는 꼭 드러날 거야. 그러니까 여유를 가져."

반대의 경우를 생각해본다. 내 아이가 어느 밤 전화를 걸어 이렇게 말한다면 어떻게 답해야 할까? "엄마 나에게는 재능이 없는 것 같아."

나는 황급히 그 애를 위로하고 용기를 북돋워줄 말을 찾아볼 것이다. 나에게는 그래야 할 의무가 있으니까. 그런데 만약 내 답이, 내 섣부른 답이 아이에게 이상한 영향을 미친다면 어떻게 하나? 아이를 치켜세워주는 것만이 답인가? 사실 나도 애한테 진짜 재능이 있는지 없는지 잘 모르는데? 누가 봐도 아닌 길을 괜히 가라고 부추기는 거 아닌가? 그렇다고 채찍질을 해야 하나? 그러다가 나 때문에 애가 너무 쉽게 포기하면 또 어떻게 하나? 아이, 이걸 어쩜 좋지? 역시 육아 전문가나 정신과 전문의가 말하는 것처럼 질문을 되돌려줘야 하나? "넌 왜 그렇게 생각해?" 하고? 아니면 그 유명한 '그렇구나' 전략이라도 써야 하나? 아아 모르겠다, 모르겠어.

어쩌면 그럴 때 내가 할 수 있는 말은 이게 전부인지도 모른다.

"쓸데없는 생각 하지 말고 씻고 빨리 자!"

우리는 부모의 영향을 지나치게 과대평가하거나 과소평가한다. 가끔 부모가 했던 말 한마디를 평생 가슴에 품고 그 말이 자기 인생을 망쳤다거나 그 말 덕분에 모든 걸 이룰 수 있었다고 말하는 이들을 본다. 그런데 아마 부모는 자기가 그런 말을 했다는 사실조차 기억 못 할 것이다. 말은 하는 사람이 아니라 받아들이는 사람의 몫이다.

결국 엄마가 내게 했던 그 말은 상처가 되기보다는 투

지를 불태우는 데 일조했다. 두고 봐라, 내가 꼭 보여주고 말 테다. 진짜 창의성이 있는지 없는지.

생각해보면 그 전화를 걸었을 때 엄마의 나이는 고작 40대 초반이었다. 지금의 나보다 한참 어린 나이다. 오십이 다 된 지금도 어른 되려면 아직 멀었다는 생각이 드는 나는, 매일매일이 새롭고 독창적인 말실수의 갱신인 나는 그때의 엄마보다 나을 게 하나도 없다. 그런데 또 다르게 생각하면, 그때까지 세상에서 가장 가까웠던 엄마가 나를 완전히 오해하고 있다고 느낀 그 순간이야말로 진정한 독립의 순간이 아니었을까 싶기도 하다. 엄마는 나를 몰라. 나에 대해서는 내가 더 잘 알아. 나는 그렇게 엄마로부터 독립한 것이다.

누가 타인에게 정확한 위로와 정확한 조언과 정확한 충고와 정확한 응원을 할 수 있겠는가. 누구도 그럴 수 없다. 인간은 죽었다 깨어나도 타인의 마음에 정확하게 가닿을 수 없기 때문이다. 평론가 신형철은 '정확한 사랑'이라는 표현을 썼는데, 나는 '정확한 위로'라고 쓰고 싶다. 지금껏 살아오면서 정확한 위로를 받은 적은 드물다. 정확하게 이해받은 느낌, 정확하게 내가 필요로 하는 것을 받은 느낌은 거의 없었다. 오히려 '저 사람은 왜 이 시점에 저런 말을 할까?'라고 생각했던 때가 태반이었다. 아마 나 역시 다른 이들에게 그랬을 것이다.

그런데 딱 한 번, 정확한 위로를 받은 적이 있다. 첫 아이를 낳고 집에 돌아와 하루쯤 지나자 산후우울증이 시작됐다. 하룻밤 동안 아이를 돌봐준 부모님이 집으로 돌아가고, 출산의 고통을 이겨낸 데 대한 자축의 시간이 지나자 갑자기 머리가 핑핑 돌 정도로 모든 게 무서워졌다. 아기는 너무나 작고 너무나 연약했다. 부서질 것처럼 작고 연약해서 어떻게 안아야 할지조차 알 수 없었다. 아기는 젖도 제대로 빨지 못했고 이유 없이 수시로 악을 쓰며 울었다.

그때 알았다. 이 아기는 나 없이는 한 순간도 살아갈 수 없다. 그런 존재를 나는 책임지려 하는 것이다. 그리고 그 책임에는 끝이 없을 것이다. 내 인생은 지금까지와 완전히 달라졌고 나는 죽을 때까지 이 아기에게서 달아날 수 없을 것이다. 그러나 나는 그럴 준비가 되어 있지 않았다. 낳고 나서야 그 사실을 깨닫다니 멍청해도 너무 멍청한 거 아닌가? 지금은 그게 출산 후 호르몬 저하로 인한 자연스러운 기분장애라는 걸 안다. 하지만 그때의 나는 정말이지 아무것도 몰랐다.

    가습기를 틀어놓은 덥고 습한 실내에서 젖냄새와 젖 토한 냄새와 아기의 대소변 냄새에 휘감겨 나는 훌쩍훌쩍 울었다. 곁에 있던 산후 도우미 아주머니가 그런 나를 타박했다. "어머, 아기 엄마가 그렇게 울면 어떡해. 마음을 굳게 먹어야지." 그 순간 아주머니가 정말 미웠다. 넘어져서 우는 사람에게 왜 우냐고 엉덩이를 걷어차다니 너무한 거 아닌가?

    그 주말에 시부모님이 아기를 보러 오셨다. 결혼하면서부터 시어머니와 나 사이는 삐걱거렸고, 우리는 종종 신경전을 벌여 중간에 낀 남자들을 괴롭혔다. 그날도 나는 우울한 표정을 짓고 있었을 것이다. 시어머니는 그런 나를 한참 지켜보더니 이렇게 말했다.

    "나도 그랬다. 쟤(남편) 낳고 너무 무서워서 울었다. 다 그런 거야. 괜찮아."

    놀랍게도 그 말 한마디로 산후우울증은 사라져버렸다. 나는 사실 아기가 무서운 게 아니라 내가 무서웠던 것이다. 사랑의 감정은 고사하고 아기가 무섭기만 한 내가, 다 포기하고 달아나버리고 싶은 내가 무서웠던 것이다.

내가 미친 게 아닐까 무서웠던 것이다. 시어머니 덕분에 내가 이상하지 않다는 사실을 알았고, 그러자 마음이 한결 편해졌다. 지금도 그날의 시어머니에게 마음 깊이 감사하고 있다.

그날 나를 정확하게 위로했던 시어머니는 이제 세상에 없다. 어떤 센티멘털한 밤에는 어머니가 그립기도 하다. 우리 집 책장 위에는 어머니의 젊은 시절 사진이 놓여 있다. 어린 아들, 그러니까 내 남편을 안아 들고서 햇살 속에서 의기양양한 표정을 짓고 있는 사진이다. 나는 종종 그 사진을 보며 어머니에게 인사를 한다. 안녕하세요 어머니, 하고 인사를 한다. 감사합니다, 하고 인사를 한다. 가끔은 그런 말도 한다. 보고 싶어요, 어머니.

40대 중반에 불안장애로 인한 우울증에 걸렸다. 우울증은 너무나 막연한 병이다. 일단 우울증에 걸리지 않은 사람은 우울증이라는 병을 아무리 노력해도 이해할 수가 없다. 기껏해야 우울감 정도를 떠올릴 뿐이다. 그러나 우울감과 우울증은 다르다. 다른 것이다. 개인적인 노력으로는 헤어날 수가 없다. 내가 좋아하는 드라마 〈오자크〉에는 우울증 때문에 총으로 자기 머리를 날려버린 한 국

회의원의 아내에게, 한때 우울증 환자였던 주인공 여자가 이런 이야기를 한다.

"머리끝부터 발끝까지 너무나 고통스러워서 죽지 않고는 견딜 수가 없는 거예요."

정확한 표현이다. 마음이 너무 괴로워서 죽는 것 말고는 이 고통을 끝낼 수 없는 그런 병을 당사자가 아니고서야 어떻게 이해하겠는가?

우울증을 이해하지 못하는 사람들은 어디선가 들은 정보들을 가지고 온다. 운동을 해봐. 햇볕을 자주 쬐어봐. 우울해도 자기를 꾸미는 것만큼은 놓쳐서는 안 된대. 아아, 우울증에 걸린 사람이 그걸 모를 것 같은가? 이 병에서 가장 벗어나고 싶은 사람은 환자 자신이다. 몰라서 안 하는 게 아니라 그냥 못 하는 것이다. 심지어 한다고 해도 나아지지가 않는다.

위로하는 이들은 '생각만 바꾸면 그런 병에는 걸리지 않을 텐데'라고 믿는 듯하다. 그들을 비난할 수 없다. 나도 우울증 진단을 받기 전까지는 그랬으니까. 세상만사가 내 뜻대로 굴러가는 것처럼 보였을 때는, 무엇보다 내 기분을 내가 통제할 수 있었을 때는 그렇게 오만했다. TV에서 공황장애로 괴로워하는 기안84를 보고 '저건 대체 어떤 기분일까?' 하고 궁금해하던 때도 있었다. 솔직히 지금도 우울증에 걸린 다른 사람을 이해하기는 어려울 것 같다.

우울증의 끝에 종교를 가져봐야겠다고 말하자(나는 신을 믿겠다는 게 아니라, 지나친 자기주도성과 그 끝에서 온 불안을 잠재우고 싶었다) 어떤 이는 아주 자신만만하게 말했다. "사람은 자기 자신만을 믿어야 한다고 생각해요." 나는 생각했다. 저 사람은 아무것도 이해하지 못하는구나. 믿을 수 있는 자기 자신이 존재하지 않는 상황을.

나 역시 그랬다. 나는 나만 믿었다. 하지만 인간은 그렇게 강하지 않다. 여전히 신이 존재한다고는 믿기 어렵지만 나는 '신'이라는 말을 '운명'이라는 말로 바꿔서 생각한다. 인간은 운명만큼 강하지 않다. 그러니까 인간은 운명을 이길 수 없으며 이기려 해서도 안 된다. 사는 것은 게임이 아니다. 인간은 그저 살아갈 뿐이며, 삶의 마디마디에 무엇이 기다리고 있을지는 아무도 모른다. 우리가 모든 것을 통제할 수는 없다.

그런데 불안이 깊어지면 그 사실에 공포를 느낀다. 통제할 수 없다는 사실에. 불이 나는 건 아닐까? 차가 덮치지 않을까? 아이가 사라지지 않을까? 암에 걸려 고통받는 건 아닐까? 그것이 너무 무서워서 빨리 죽을 수 있다면 그러고만 싶다. 그런 생각들로 머릿속이 미친 듯이 돌아간다. 뇌가 고장나버린 상태다.

불안에서 벗어난 후에는 똑같은 사실을 달리 느낀다. 무엇이 기다리고 있을지 알 수 없다면 그것이 지금보다 더 좋은 것일 수도 있다. 나쁜 것이라고 해도 그게 새로운 세상을 열어줄 수도 있을 것이다. 그러나 우울증에 걸린 이는 그렇게 간단한 낙관조차 할 수 없다. 암을 정신력으로 이길 수 없는 것처럼 우울증도 정신력과는 관계가 없다. 부러진 다리로 마라톤을 완주하겠다는 것과 마찬가지다. 이미 고장이 난 정신으로 어떻게 병을 이길 수 있다는 말인가?

우울증인 사람을 어떻게 대해야 할까? 그것만큼 곤혹스러운 일도 없는 것 같다. 누군가를 위로하는 일은 얼마나 어려운지, 그래야 할 때마다 미란다 줄라이의 소설 『너만큼 여기 어울리는 사람은 없어』에 나온 구절을 떠올린다.

"나는 그녀 옆에 무릎을 꿇고 앉아 등을 어루만져주었다. 하지만 다시 내 태도가 냉정한 것 같아 어깨를 토닥거려주었는데, 달리 말하면 내가 그녀와 함께 있는 시간의 삼분의 일 동안만 그녀를 만졌다는 얘기다. 나머지 삼분의 이 동안 내 손은 그녀에게로 향하든지 그녀에게서 멀어졌다. 어깨를 토닥거릴수록 그 강도는 점점 더 세졌다. 두드리는 간격에도 너무 신경이 쓰여 도무지 자연스러운 리듬을 찾을 수 없었다. 콩가라도 두드리고 있는 것 같다는 생각이 들자마자 나는 얼른 차차차 리듬으로 바꾸었다."

나는 춤추는 것만큼이나 위로에도 서툴다. 그러나 이제 내게도 우울증에 걸린 당사자로서의 경험이 생겼다. 할 말이 생긴 거다. 나에게 도움이 되었던 것들이 다른 이들에게도 효과가 있을지 모른다. 그랬으면 좋겠다.

가장 도움이 되었던 게 무엇이었는지 가만히 생각해보니 별게 없었다. 그저 곁에 있어주는 것. 내게 필요한 사람들이 내 곁에 있어주는 거였다. 내가 어떤 상태인지 이해하지는 못해도 언제든 도와줄 태세를 갖추고 있는 것. 가끔 내가 이야기하고 싶어할 때 그저 들어주고, "마음이 너무 힘들어"라고 할 때 "정말 힘들겠다"고 대꾸해주는 정도면 족했다. 걷고 싶다고 하면 한밤중이라도 같이 걸어주고, 맛있는 것을 함께 먹고 좋은 곳에 함께 가주면 족했다.

내게는 집과 일터에서 매일같이 붙어 있는 남편과 친구가 가장 큰 도움이 되었다. 남편은 힘들 때마다 아무 말없이 안아주고 어디든 함께해주었다. 인내심이 강하고 말하기보다는 듣는 일을 더 잘하는 친구의 존재 역시 큰 안정감을 주었다. 하지만 이번에도 엄마는 한 건 했다. 내가 우울증이라고 하자 엄마는 "어머, 나도 그랬어. 그 나이 때는 원래 다 그러고 사는 거야"로 시작하는 어마어마한 대서사시를 읊기 시작했다. 내가 어떤지는 전혀 물어보지 않고 자기 얘기만 속사포처럼 쏟아내는 엄마 앞에서 어찌해야 좋을지 몰라서 울음을 터뜨렸다. 그제야 엄마는 사태의 심각함을 눈치채고 통곡을 하기 시작했다. 아아, 엄마. 엄마를 어쩌면 좋지?

그러니 우리 엄마와는 완전히 반대로 하시라. 그래도 잘 모르겠다면 조심스럽게 물어봐주는 것도 괜찮겠다. 드라마 〈우리들의 블루스〉에서 우울증에 걸린 여자에게 남자는 이렇게 묻는다. "그건 어떤 기분이야?" 여자가 설명하자 남자는 이렇게 말한다. "그거 참 힘들겠다." 그는 또 우울한 기분이 들 때면 저 창 너머에 있는 자신을 생각하라고 말해주었다. 이 정도면 친구의 우울증에 대처하는 모범 답안이라 할 만하다.

그 밖에도 오랜만에 연락한 친구가 뜬금없이 "너는 좋은 사람이야"라고 말해주었을 때도 눈물이 울컥 날 정도로 고마웠다. 내가 좋은 사람이 아니라는 걸 알고 있기에, 그 친구야말로 내가 좋은 사람이 아니던 모습도 많이 보아온 사람이기에 그 응원의 말이 더 귀하게 느껴졌다. 동네 한의원 선생님에게 힘들다고 토로했을 때 그가 "그건 왜 그렇게 됐을까? 무슨 문제가 있었을까?"라고 차근차근 물어봐준 것도 좋았다.

같은 병을 앓아본 사람의 이야기는 더 큰 도움이 된다. 극심한 우울증에 시달렸던 작가 윌리엄 스타이런은 책『보이는 어둠』에서 자신처럼 자살 충동에 시달리는 친구와 밤마다 통화하며 서로 죽어서는 안 된다는 이야기를 나눴다고 했다. 그러면서 그는 이렇게 썼다.

"안전한 해변에 서 있는 사람들이 물에 빠져 허우적거리는 사람에게 '용기를 내라!'고 요구하는 것은 엄청난 모독이다.

그러나 모독이 될지라도 반복해서 그런 격려를 보여주면, 그리고 그런 격려가 충분히 끈질기고 헌신적이고 열정적이라면 위험에 빠진 사람은 거의 언제나 구출된다."

결과적으로 상대의 이야기를 진심으로 들어주는 것, 상대의 입장을 이해하지는 못해도 이해해보려 노력하는 것, 그리고 언제든 기꺼이 함께하려는 태도가 가장 큰 도움이 된다. 특별한 걸 해야 한다는 부담감을 느낄 필요는 없다. 곁에 있어주기. 이야기를 잘 들어주기. 잘 치료받을 수 있도록 용기를 북돋워주기. 그거면 충분하다.

내가 이런 이야기를 구구절절 쓰는 이유는 잊지 않기 위해서다. 나처럼 공감과 위로에 서툰 사람이, 그래서 지금껏 수없이 많은 이에게 상처를 준 사람이 이 귀한 경험을 잊지 않기를 바라기 때문이다. 그리하여 나중에 내 주위의 누군가가 같은 병을 앓게 되었을 때 그에게 정확한 위로를 해줄 수 있는 사람이 되기 위해서다. 사람들은 모든 것을 너무나 쉽게 잊어버리고, 그것은 나에게도 여지없이 해당되기 때문이다.

엄마의 흉을 너무 본 것 같아 좀 만회를 해야겠다. 내가 나이를 먹은 만큼 엄마도 나이가 들어, 앞날이 막막한 20대에서 앞날이 캄캄한 30대가 된 내게 이런 말을 자주 들려주었다.

"걱정하지 마. 넌 대기만성할 거야. 우리 집 사람들은 다 늦게 트이는 사람들이야. 그러니까 걱정하지 마. 하던 대로 해."

따지고 보면 아무런 근거가 없는 말이다. 희망사항이나 미신에 가깝다. 그런데 그렇게 피상적이고 뜬구름 잡는 것 같은 말을 떠올릴 때마다 힘이 솟았다. 그 후로도 어려움에 처할 때마다 엄마가 들려준 말을 생각하곤 한다. '나는 대기만성할 거야. 그러니까 걱정하지 말고 하던 대로 하자.'

결국 우리는 어디서든 우리에게 필요한 말을 찾아내는 것이다.

말은 하는 사람이 아니라 받아들이는 사람의 몫이다.

마음의 노래   Track 08

Pat Metheny, ⟨Last Train Home⟩

행사나 강의를 자주 하던 때가 있었습니다. 밤 늦게 전철을 타고 동인천으로 돌아오는 길은 멀고 피로했어요. 그럴 때면 이 연주곡을 자주 들었습니다. 이 곡은 낯선 이들 앞에서 너무 많은 말을 하고 났을 때의 구멍 뚫린 도넛이 된 것 같은 기분을 조심스럽게 어루만져주는 곡이에요. 어떤 음악을 들으면 외로워지는데, 그 외로움은 나쁜 외로움이 아니라 좋은 외로움입니다. 마치 그 음악이 이렇게 말해주는 듯하거든요. "당신은 혼자예요. 우리 모두 그렇죠. 그리고 저도 그렇답니다." 누군가 나처럼 외롭다고 말해주는 사실, 그 사실만으로도 위로가 됩니다.

아무것도 안 하고 있는데 더더욱 아무것도 안 하고 싶은 기분에 대하여

약간 불안한 일요일 저녁. 크게 쉰 것 같지도 않은데 주말은 가난한 집의 쌀통처럼 바닥을 보이고 있다. 초조해진다. 내일이면 또다시 한 주가 시작되는 것이다. 아침을 차려 먹고 책상 앞에 앉아 글을 쓰는 둥 마는 둥 하다가 빨래를 빨고 널고 이내 출근을 하고 너저분한 사무실에서 저녁이 오기를 기다리다가 또 한 주가 스윽 지나가버리겠지.

일주일 단위로 〈사랑의 블랙홀〉을 찍고 있는 기분이다. 영화 속 주인공이 자고 일어날 때마다 어제와 똑같은 하루가 반복되지만 그 안에도 조금씩 변수가 존재하듯, 나의 똑같은 한 주에도 변수는 있을 것이다. 그릇을 깨뜨린다거나 아이와 싸운다거나 부모님의 건강이 나빠졌다는 소식을 듣게 된다거나 매출 최저점을 찍는다거나 하는. 다음주에는 또 무슨 거지 같은 일이 일어나려나 싶어 어깨가 움츠러든다. 중년의 인생에 좋은 일이란 더이상 없는 걸까?

아니야, 이래선 안 돼. 이렇게 내 인생을 흘려보낼 수는 없어. 뭘 위해 일하는가? 뭘 위해 사는가? 그래, 이것은 그냥 오늘의, 일요일의 기분일 뿐이야. 일요일의 기분에 속지 말자. 아니, 일요일의 기분을 있는 그대로 바라보자.

일요일의 기분은 침울하다.

아이들과 일주일 중 어떤 날이 가장 싫은지 이야기했다. 아들은 금요일을 빼고 평일은 다 싫다고 했다. 토요일은 일주일 중 유일하게 게임을 할 수 있는 날이기에(무려 다섯 시간이나!) 아들은 일주일 내내 이날만 기다린다. 나는 화요일이 제일 싫다고 했다. 화요일은 뭐랄까, 희망이 없다. 그러자 아들은 화요일은 오히려 희망이 아주 조금 있기 때문에 더 힘들다고 했다. 월요일은 그저 절망의 연속이라서 아예 자포자기하니 그럭저럭 지나간다는 것이다. 나도 월요일이 절망의 결정체라는 사실에 동의했다.

그래, 가장 괴로운 날은 화요일로 하자. 그런데 만약

수요일이 휴일이라면 화요일도 괜찮은 날이다. 내일이면 쉴 수 있으니까. 그렇게 생각하면 목요일도 나쁘지 않다. 하루만 더 기다리면 주말이니까. 어, 그렇게 보면 월요일도 나쁘지 않네? 화요일 하루만 더 버티면 수요일에 쉴 수 있잖아! 우리는 인류의 행복을 위해 수요일의 전 지구적 공휴일화를 이룩해야 한다는 결론을 내렸다.

생각해보면 시간이라는 것은 얼마나 이상한지. 인간은 일주일이라는 환상을, 일하는 평일과 노는 주말이라는 규칙을 만들어놓고 그것에 따라 기뻐하고 슬퍼하고 희망을 품고 좌절한다. 무인도 같은 데 갇혀서 날짜도, 요일도, 시간도 없이 살아간다면 어떨까? 시간이 없는 삶을 살면 인간은 어떻게 될까? 아! 정신과 선생님이 잡생각 좀 그만하라고 했는데….

그런데 일요일을 빼먹었다. 일요일은 그저 착잡한 날이다. 종교가 없는 나에게 일요일은 그저 주말의 끝, 월요일의 전날일 뿐이다. 아침부터 어쩐지 기분이 가라앉는다. 가라앉는 기분을 억지로 일으키려 세수도 하지 않고 나가 동네 산책을 하거나 싱크대 위를 비누칠까지 해서 닦곤 한다.

일요일 아침 식사는 가족과 함께하는 게 나의 규칙이다. 푸드 스타일리스트 이이지마 나미는 '아침 식사 같은 식사'를 좋아한다고 했는데 나도 그렇다. 하루 중 아침 식사가 제일 좋다. 아침 식사는 차리는 것도 가볍고 먹는 것도 가볍다. 가벼운데 좋아하는 것들이 다 있다. 매일 비슷하게 빵과 커피, 샐러드를 먹어도 전혀 질리지 않는다. 내일 아침에 또 빵과 커피와 샐러드를 먹을 수 있다는 사실만으로도 기쁘다.

식사가 끝나면 남편이 설거지를 하고 내가 정리를 한다. 그러고 나면 어영부영 오후가 된다. 이제부터 마음이 급해진다. 남은 일요일을 어떻게 보내야 할까? 이 시간을 어떻게 보내야 후회가 없을까? 어떻게 쉬어야 잘 쉬었다는 기분이 들까? 긴장과 초조, 불안이 엄습한다. 그럴 때 나는 집을 나선다. 30분쯤 걸어 카페까지 산책을 하고, 카페에서는 책을 읽고 글을 쓴다. 그럼에도 저녁이 다가올수록 서서히 마음에 먹구름이 낀다.

일주일 내내 그토록 기다리던 주말이 끝나가고 있다. 마음껏 무책임해져도 좋은 이틀이 지나고 이제는 현실로 복귀해야 할 시간이다. 울적한 마음으로 집에 돌아가 가

법게 저녁을 차려 먹고 운동장 트랙 위를 천천히 달린다. 나처럼 일요일의 무게를 어깨에 얹은 이들이 어쩐지 숙명적인 표정으로 달리고 있다.

집으로 돌아와 샤워를 하고 맥주를 한 캔 딴 후 TV를 튼다. 넷플릭스에서 지난번에 보다 만 드라마를 마저 보기 시작한다. 무의식중에 스마트폰을 손에 쥔다. 카톡 메시지가 도착해 있다. 유니클로에서 세일을 시작했다는 소식이다. (유니클로는 일요일 저녁의 기분을 잘 알고 있다.) 그렇지 않아도 지난주에 똑같은 디자인에 색깔만 다른 바지를 세 벌이나 샀는데, 또 세일을 하다니 마음이 급해진다. 뭔가 더 살 게 없나? 만 원이라도 쌀 때 사는 게 이득 아닐까? 초조하고 흥분된 기분으로 유니클로 앱을 스크롤하며 잠시 시름을 잊는다.

그렇게 한동안 쇼핑 삼매경에 빠져 있다보면 슬슬 졸음이 밀려온다. 나는 TV를 끄고 방으로 들어가 침대에 눕는다. 곡소리가 절로 나온다. 나이가 드니 힘들 때도 곡소리가 나고 좋을 때도 곡소리가 난다. 어쨌든 내일은 내일, 지금은 일단 다시 침대에 누울 수 있다는 사실이 기쁠 뿐이다.

이것이 나의 일요일이다.

    '소비하지 않는 소비자들이 온다'는 부제를 단 『디컨슈머』라는 책을 읽다가 '그러한 일요일의 기분'이라는 단어를 발견했다. 과거 유럽의 일요일은 일하지 않는 날이었다. 일터도 상점도 모두 문을 닫고 집에 있어봤자 할 일도 없다. 무료하고 또 무료한 하루. 그러나 저자는 그 시간에는 마치 가동을 멈춘 공장처럼 느긋하고 적요한 분위기가 있었다고 했다. 그 시절 일요일의 주요 활동은 행복의 추구가 아닌, 목적 없음의 추구였다.

    '목적 없음의 추구', 다른 말로 '멍때리기'. 내가 이 세상에서 가장 힘들어하는 일이 있다면 바로 그것이다. 가끔은 '자, 이제부터 멍을 때리자' 하고 의식적인 노력을 기울이는데, 그러면서도 매번 실패한다. 해야 할 일들이 발바닥에 박힌 모래알처럼 따끔거리며 신호를 보낸다. '그러고 있을 시간에 이걸 처리하는 게 어때?'

    대단한 일들은 아니다. 겨울옷을 정리한다거나 베란다 청소를 한다거나 답장 메일을 보낸다거나 당근 라페를 만든다거나 새 조명을 설치한다거나 하는 일들. 그런 일들이 언제나 촘촘히 대기하고 있다. 그래서 나는 바쁘지 않을 때가 없다. 하지만 그걸 정말 바쁘다고 할 수 있는지는 잘 모르겠다.

책에서는 매시간 매분 매초 현대인(=나)을 떠나지 않는 느낌, 사람을 살리는 것도 아니고 나라를 세우는 것도 아닌데 늘 시간에 쫓기는 느낌, 그놈의 '타임푸어'에는 모순이 있다고 한다. 우리가 일을 너무 많이 해서 바쁘다고 느끼는 게 아니라는 얘기다. 실제로 현대의 평균적인 가정에서 일하는 시간은 지난 수십 년간 늘어나지 않았다. 그럼에도 우리가 과거의 사람들과 달리 늘 시간에 쫓기는 이유는, 일하지 않는 시간마저 빽빽하게 채우고 있기 때문이다. 일을 조금만 하고 많이 노는 게 아니라, 수없이 많은 일을 같은 시간에 욱여넣는다는 거다. 세탁기에 빨래를 넣고 식기세척기를 돌린 후 자기계발을 하거나 인스타그램과 유튜브를 하염없이 스크롤하는 식이다. 그래서 우리에게는 진짜 자유 시간이, 나른하고 느긋하게 보내는 시간이, 수축하는 것이 아니라 확장하는 것 같은 시간이 부족하다.

아무 할 일이 없는 시간. 빈둥거릴 일만 남은 시간. 나른하고 느긋한 시간. 확장하는 것 같은 시간. 어린 시절 이후 그런 시간을 언제 가져봤는지 기억조차 나지 않는다. 아! 내 인생에도 그런 날이 있긴 했지. 그건 바로… 코로

나 확진자의 자가격리 주간이었다.

코로나의 변이종인 오미크론이 유행하던 때였다. 자가격리 기간이 2주일에서 일주일로 줄어든 지 얼마 되지 않은 때이기도 했다. 감기 증상이 심상치 않았다. 3일째 되는 날 보건소에서 검사를 받았다. 결과는 확진. 집으로 가는 길, 이제 일주일 동안 꼼짝없이 갇혀 있어야 한다고 생각하니 눈에 닿는 모든 게 새로워 보였다.

집에 돌아오자마자 침실에 책상과 노트북, 의자를 가져다놓고 방문을 닫았다. 자가격리가 시작됐다. 남편이 퇴근길에 따뜻한 아메리카노를 한 잔 테이크아웃해 와서는 방문 앞에 놓아주었다. 좋아하는 카페의 커피가 아니었지만 기분 좋았다. 작은 것에도 감사하게 되는 시간이었다.

나갈 수 없다. 만날 수 없다. 할 수 있는 일은 한정적이다. 그러나 시간은 충분하다. 조건이 정해지니 할 일은 명확했다. 나는 방 한 켠에 둔 책상 앞에 앉아, 해야 했지만 좀처럼 시간을 내지 못했던 잡다한 일을 하나씩 처리해나갔다. 물론 컨디션이 좋지 않았으므로 일 하나를 끝내고 나면 피로감이 밀려와 잠을 자야 했다. 잠시 자고 일어나 또 일을 했다. 기운이 없으니 모든 일을 천천히 했다. 어차피 달리 할 수 있는 일도 없었다. 종종 창 너머 숲을 바라보며 휴식을 취했다.

그날, 방 안에서 옴짝달싹도 못 하고 갇혀 있던 하루는 특별했다. 그 시간을 어떻게 설명해야 할까? 어쩌면 그 시간이야말로 수축하는 게 아니라 확장하는 시간이 아니었을까? 쫓기지 않는 느낌, 뭐든 넉넉하게 쓰는 느낌, 그러고 나면 소진된 것이 아니라 충만해지는 느낌이 드는 그런 시간이었다.

아쉽게도 그 시간은 하루로 끝났다. 다음 날 가족 모두가 코로나 확진 판정을 받았기 때문이다. 우리는 방문을 열고 거실로 뛰쳐나와 확진자들의 휴가 같은 일주일을 보냈다. 모여 앉아 함께 TV를 보고 코로나에 걸렸으니 잘 먹어야 한다며 고기도 잔뜩 주문했다. 나는 신나게 오미크론 볶음밥, 오미크론 불고기, 오미크론 닭갈비를 만들어 가족들을 먹였다.

일주일이 지나고 언제 그랬냐는 듯 다시 일상이 시작됐다. 이제 나에게는 나가고 싶을 때 나갈 수 있는 자유가 생겼으나 그게 그렇게 기쁘지는 않았다. '인생이 다시 복잡해졌네…'라는 대놓고 말하기 어려운 아쉬움이 들었다. …어디 감옥에라도 갇혀야 하는 걸까?

   몇 년 전에 '쉼'이라는 주제의 원고를 의뢰받아 쓴 적이 있다. 쓰다보니 자꾸 머릿속에 물음표가 떠올랐다. 쉰다는 게 뭐지? 잘 안다고 생각했는데 막상 글로 쓰려니 전혀 모른다는 생각이 들었다. 심지어 지금껏 제대로 쉬어본 적이 있는지도 의심스러웠다.

   코로나에 걸렸을 때도 이왕 못 나간 김에 그냥 푹 쉬었으면 될 텐데, 그 와중에도 일을 했던 나는 역시 일중독인 걸까? 그런데 대체 뭘 해야 쉬는 거지? 스마트폰 뒤적거리기? 책 읽기? 영화 보기? 그것도 역시 쉰다기보다는 뭔가를 하고 있는 거 아닌가? 그렇다면 가만히 누워 천장만 바라보면 그게 쉬는 걸까?

   이럴 수가. 쉰다는 게 뭔지도 모르고, 쉬어본 적도 없는 상태로 수십 년을 살아온 것 같다. 쉬는 날이면 드는 초조한 기분, 아무것도 안 하고 있지만 더더욱 아무것도 안 하고 싶은 기분, 뭔가를 간절히 원하는데 그게 뭔지를 모르는 이 기분, 이 기분을 어떻게 해야 할까?

어쩌면 원흉은 스마트폰인지도 모른다. 매 시간 매분 매초, 지구상 어디에 있든 우리를 세상과 연결되게 하는 스마트폰. 지금 이 순간이 아니라 가상의 세계에 우리의 시선을 붙잡아두는 스마트폰. 틈만 나면 주머니 속으로 손을 집어넣게 만드는 스마트폰.

스마트폰이 우리의 주의를 빼앗아가는 걸로도 모자라서, 그 속의 할 수 있고, 해야 하는 가능성들이 인간을 더 불안하게 만드는 건 아닌지 의심스럽다. 직장 동료의 퇴근 후 스케줄이나 동창의 새로운 아파트 인테리어, 톱스타의 휴가지와 인플루언서의 다이어트 비법 같은 것들을 속속들이 알게 된 대가로 우리는 더 바빠진 게 아닐까? 남들의 빛나는 인생을 훔쳐보다보면 내 인생에 뭔가 문제가 있다는 생각이 들고, 이렇게 있을 수는 없다 싶고, 올여름에는 제주도라도 가야 하나 싶어지는 그런 거 아닐까? 그렇다면 스마트폰 없이 쉬어보면 어떨까? 스마트폰을 없애면 정말 모든 게 해결될까?

요한 하리의 책 『도둑맞은 집중력』은 스마트폰에 빼앗긴 우리의 집중력을 되찾는 방법의 하나로 '몰입'을 제안한다. 하루가 시작될 때 세 시간 정도 몰입을 하면 몸과 마음이 이완되고, 그 덕분에 남은 시간을 느긋하고 열린 태도로 보낼 수 있다는 것이다. 저자는 주의력을 되찾으려면 주의를 산만하게 하는 방해물을 제거하는 것만으로는 충분치 않다며, 몰입의 원천으로 그 자리를 대체해야 한다고 주장한다. 그러니까 아무것도 없는 텅 빈 방에서 멍하니 있으라는 게 아니라, 푹 빠져 만사를 잊을 만한 무언가를 하는 게 오히려 제대로 쉬는 거라는 얘기다.

인스타그램에서 팔로우하는 계정 중에 'Kinoma Project'라는 계정이 있다. 한 여자가 몇 년 동안 일본 시골의 크고 오래된 집을 고치는 프로젝트를 하고 있다. 가끔 다른 사람의 도움을 받기도 하지만 대부분 혼자서 한다. 그냥 셀프 인테리어 정도가 아니라 아예 집을 뜯어고치는 일이다. 바닥 마루를 뜯어내고 흙을 고르고 돌을 옮기고 골조를 짜 넣고 새 마루를 깐다. 벽을 뜯고 단열재를 넣고 미장을 하고 그 위에 또 칠을 한다. 일은 끝이 없다.

그런 일을 여자는 수년째 계속하고 있다. 여자가 일하는 모습을 빠른 속도로 편집한 비디오를 보고 있으면 기분이 좋다. 남의 고생을 구경하는 게 즐거워서일까? 아니면 멋져 보여서일까? 둘 다겠지.

그런데 가만 보면 여자는 일을 자주 하지는 않는다. 한 군데를 손보고 나면 적어도 일주일, 길게는 한두 달은 쉬는 듯하다. 그리고 한 번에 하나씩만 한다. 빨리 끝내고 빨리 완성을 볼 마음은 없어 보인다. 그 일은 여자에게 과정이자 목표다. 집을 고치는 프로젝트 자체에 의미가 있는 것이다. 뭐 어쨌든 나는 싫다, 나는 못한다고 생각했다.

셀프 인테리어라면 지긋지긋할 정도로 많이 했다. 새집으로 이사를 가거나 비싼 돈을 주고 인테리어 공사를 할 형편이 못 돼, 이사 때마다 장판도 직접 깔고 등도 달고 벽에 페인트칠도 하고 타일도 붙였다. 낡은 빌라로 이사했을 때는 일단 짐을 한쪽 방에 몰아넣은 뒤, 아이들은 근처 할아버지 댁에 보내고 남편과 함께 퇴근 후마다 새벽까지 공사를 했다.

밤새 벽지를 뜯고 곰팡이를 제거하며 산 지 3일째쯤 되었을 때 남편이 벽을 보고 욕을 했다. 나는 마시지도 않는 소주를 마시고 싶었다. 분노가 치솟았다. 5일째 되던 날 새벽 세 시에는 마지막 남은 방의 장판을 깔다가 너무 힘들고 화가 나서 엉엉 울었다. 내가 이걸 다시 하면 인간이 아니라고 다짐했다. 그런데 아무래도 난 인간이 아니었나보다…. 시간이 지나면 돈 없고 사람 부르기가 귀찮아 또 내가 하는 일의 연속이었다.

지금 살고 있는 아파트의 베란다 새시는 똥색이다. 똥색 말고 다른 표현이 있나 고민해봤는데 결국 똥색이 가장 적합하다. 그 똥색이 눈에 거슬려서 이사 오면서부터 새시에 페인트칠을 해야겠다고 다짐했다. 이사 온 지 5년이 지났으나 아무것도 하지 않았다. 그리고 새시에 시선이 닿을 때마다 '거슬리네' 하고 생각했다. 나의 '투두리스트'에는 언제나 '새시 페인트칠'이라는 항목이 적혀 있었다.

작년 가을, 새시의 똥색 필름을 벗겨내면 흰색 새시가 된다는 사실을 알게 됐다. 칼로 새시와 유리 사이의 실리콘을 제거하고 필름을 뜯어내면 된다. 페인트칠을 하는 것보다는 간단했지만 정말 정말 귀찮았다. 그럼에도 투덜대며 이틀에 걸쳐 실리콘과 필름을 다 벗겨냈다. 속이 다 시원했다.

대신 새시와 유리 사이의 실리콘이 없는 상태라 겨울이 되자 그 틈새로 찬 공기가 엄청나게 새어 들어오기 시작했다. 어서 빨리 실리콘을 쏴야 했지만 한겨울이 될 때까지도 하지 않았다. '해야 하는데…'라는 생각이 들 때마다 집에서 도망쳤다. '그냥 이대로 둬도 괜찮지 않을까?' 싶었다.

그러나 추위는 점점 심해지고 집 안 온도마저 떨어지고 있었다. 더는 실리콘 쏘기를 미룰 수가 없었다. 물론 사람을 부를 수도 있었지만 이것저것 번거로우니 그냥 내가 하자고 생각했다. (역시 인간이 아닌 나.)

어마어마한 귀찮음을 무릅쓰고 실리콘 건을 들었다. 가장 구석에 있는 작은 창문부터 시작했으나 몇 번이나 실패해서 벗겨내고 다시 쏘기를 반복했다. 결국 유튜브까지 보고 연구해서(그럴 바엔 사람을 불러…) 몇 주 만에 실리콘 쏘는 방법을 알아냈다. 막상 방법을 알고 나니 베란다 새시 정도야 10분도 안 걸려서 다 쏠 수 있었다. 물론 가까이서 보면 엉망진창이다.

내친김에 집수리 유튜브까지 흘러들어간 나는 창틀과 벽 사이의 틈새는 우레탄폼으로 막아야 단열이 완벽해진다는 정보도 알게 됐다. 난생처음 우레탄폼을 사서 벽과 새시 사이의 꽤 넓은 틈에 쏘고 베란다 한쪽 벽의 떨어진 단열재도 우레탄폼으로 다시 붙였다. 역시 귀찮고 귀

찮고 귀찮았다.

하지만 실리콘으로도 모자라서 우레탄폼까지 쏘는 나, 왠지 좀 멋진 것 같았다. 미루고 또 미루던 일을 마침내 끝냈을 때의 성취감도 엄청났다. 뭐, 나름대로 재미도 있었다. 그걸 하고 난 뒤에는 집 수선이 전처럼 끔찍하게 싫지 않아졌다. 물론 지금도 좋지는 않다. 안 할 수 있다면 안 하고 싶다. 그렇다고 전처럼 화가 날 정도로 싫지는 않다.

어떤 일을 하고 나서 뿌듯함을 느낀 지 좀 오래되었다. 이렇게 개운한 마음, 스스로를 칭찬해주고 싶은 마음이 바로 요한 하리가 말한 '몰입' 후의 느낌이 아닐까? 그렇게 '몰입'하고 나면 3년 묵은 때라도 벗긴 것처럼 개운한 마음으로 쉴 수 있는 거 아닐까? 어쩌면 그 하기 싫던 일의 사이사이에 진정한 '쉼'이 존재했던 것은 아닐까? 아니, 그 일 자체가 '쉼'은 아니었을까?

공교롭게도 이 글을 수정하는 지금도 일요일 오후다. 내일이면 또 판에 박힌 한 주가 시작된다. 웃으면서 출근할 수 있을까? 마음이 무거워진다. 새로운 한 주가 시작되자마자 또 한 번 내 인생의 무수히 많으면서도 무엇보다 귀한 일주일이 눈 깜짝할 새에 사라질 것이다. 빨리 지나가버리길 바라는 마음과, 쓰지도 않은 화장지를 술술 풀어버릴 때의 죄책감 어린 아쉬움이 공존한다.

쉬는 게 무엇인지 여전히 잘 모르겠다. 끝없이 무언가를 하는 상태의 연속 속에서 쳇바퀴를 돌며 살아와서인지 이제는 무언가를 하지 않는 상태가 어색해졌다. 워라밸을 찾는 것이 파랑새를 찾아 집 떠나 개고생을 하는 것만큼이나 어리석은 일인 것처럼(일과 생활은 분리하려 하면 할수록 괴로워지는 법이다), 제대로 쉬겠다는 목표 자체가 애초에 불가능한 건지도 모르겠다.

아마 옛날 사람들은 우리처럼 스스로에게 쉬라고, 쉬어야 한다고, 힐링해야 한다고 다그치지 않았을 것이다. 고된 일의 끝에 잠시 그늘에 앉아 바람을 맞으며 시원한 물이라도 한 사발 마실 때, 그들은 겨우 한숨을 돌렸을 것이다. 그게 그들의 쉼이었을 것이다. 자연스럽게 찾아오는, 의식적으로 추구하는 게 아니라, 어쩌다보니 선물처럼 주어진, 짧고도 강렬한, 그리고 아쉬운 한줌의 시간.

일요일 저녁에 이 글을 쓰고 있는 나는 일을 하는 걸까, 아니면 쉬고 있는 걸까? 계약서에 도장을 찍었다는 점에서 나는 일을 하고 있지만, 나 자신에 대해서 깊이 생각하고 있다는 점에서 쉬고 있는 듯도 하다. 아니, 이 글을 다 쓰고 잠깐 커피 한 잔을 내려 마실 때, 그때 나는 정말로 쉬는 거겠지.

그나저나 내일은 월요일. 나는 또 빵과 샐러드와 커피로 차린 아침 식사를 먹을 것이다. 내가 좋아하는 것. 매일 아침을 기대하게 하는 이유. 그래, 그것만 생각하자. 일단은 내일의 아침 식사만 생각하자. 내가 좋아하는 빵과 샐러드와 커피를 생각하자. 얼마나 고마운 날들인가?

아무것도 할 일이 없는 시간.
빈둥거릴 일밖에 남지 않은 시간.
나른하고 느긋한 시간.
확장하는 듯 보이는 시간.

마음의 노래 　　　Track 09

양희은, 〈11월 그 저녁에〉

우리 동네에는 제 단골 카페인 T 커피가 있습니다. 자주 갈 때는 일주일에 세 번은 꼭 들러서 핸드 드립 커피를 마시지요. 사실 저는 핸드 드립 커피를 사 마시는 걸 별로 좋아하지 않는데(집에서도 먹을 수 있는 것은 밖에서는 안 먹는다는 주의), 이 카페는 다른 선택지가 없어요. 그럼에도 이 카페의 특별한 점은 오래전 호프집이던 붉은 벽돌로 지어진 어둑어둑하고 근사한 가게, 고전음악부터 올드 팝, 재즈를 망라하는 좋은 음악, 완벽한 서비스, 깨끗한 화장실 등… 정말이지 거슬리는 게 없다는 데 있습니다. 그 점이 저를 편안하게 합니다. 그래서 하루종일 소처럼 일해 영혼이 탈탈 털린 기분일 때 이 카페에 갑니다. 자리를 잡고 앉아 음악을 들으며 커피를 마시다보면 뭐랄까, 정신의 사우나에 앉아 있는 느낌이에요. 작년 즈음, 이 카페에서 드물게 가요 LP를 틀어주었어요. 양희은의 《1991》이라는 앨범이었습니다. 이병우의 클래식 기타에 맞춰 담백한 목소리로 부르는 노래들을 듣다보니 사우나를 마치고 때를 벗긴 후 마사지도 받고 마지막으로 바나나우유까지 쪽쪽 빨아 마신 듯했습니다. 그래, 이게 쉬는 거지. 이게 쉬는 거다. 근데 왜 집에서는 그게 안 될까요?

마음의 문제

제4장

걸어도 걸어도 우리는 작은 배처럼 흔들린다. 살아도 살아도 인생이 무엇인지 알지 못한다. 우리가 할 수 있는 건 그저 걷는 것뿐이다

아이들이 보고 있어

　얼마 전에 젊은 사람들이 모여 앉아 연애와 결혼과 출산을 미루거나 포기했다는, 심지어 그 자체에 두려움마저 품은 듯한 이야기를 나누는 다큐멘터리를 보았다. 아무래도 저 젊은 사람들은 나보다 훨씬 똑똑하고 상황 판단이 빠르고 야무진 것 같다. 나는 어쩌다가 아이를 둘이나 낳았지? 무슨 낙관 같은 게 있었나? 집에 돈이 있었나? 직업이 좋았나? 아니, 나는 아무것도 없었으며 아무것도 몰랐다. 아무것도 몰랐기 때문에 '어떻게든 되겠지' 하고 아이를 둘이나 낳았다.

　아이를 낳지 않은 사람들이 꼭 아이를 낳아야 하느냐고 물으면 꼭 낳아야 할 이유는 없다고 답한다. 아이를 낳은 것을 후회한 적이 있느냐고 묻는다면, 무슨 그런 질문을, 바로 오늘 아침에도 후회했다고 말한다. (얘들아 미안하다….) 역시 나는 아무 생각이 없었다.

어찌 보면 자식은 상황 판단 같은 것과는 관계없이 무책임한 마음으로 낳는 거 아닌가 싶기도 하다. 그냥…, 뭘 몰라서…, 아무 생각이 없어서…, 어쩌다가 보니…, 애들은 귀엽잖아? 그런 마음으로. 그런 게 아니라면 대체 어떤 마음으로 아이를 낳을 수 있을까? 어쩌면 다큐멘터리 속 그 젊은이들은 아는 것이 많아 오히려 더 두려운 게 아닐까 싶기도 했다. 실전에 돌입하기 전에 정보가 너무 많으면 오히려 몸이 굳어버리듯 말이다.

21세기의 육아는 박사 학위 정도는 받아야 도전할 수 있을 것만 같다. 부모의 말 한마디에 아이가 비뚤어진 어른으로 자라 실패자, 낙오자, 소시오패스나 우울증 환자, 심지어 범죄자가 되어버릴까 두렵다. 왜 사람들이 아이 낳기를 기피하는지 알 듯하다. 나도 육아 전문가의 따끔한 지적을 들을 때마다 '아, 괜히 낳았나…' 생각한다. 자격도 없는 내가 자식을 낳아 키우면서 상처나 주었다는 죄책감이 매일 갱신된다.

그러나 아이를 키우는 일이 그렇게 어려웠다면 인류

는 지금까지 존속하지도 못했을 것이다. 육아 프로그램과 전문가들의 인기 너머에는 출생률을 떨어뜨리려는 거대한 음모가 있는 게 아닐까 싶기도 하다(망상이다). 가끔은 그런 생각도 든다. 사람들은 지금의 자신이 불만족스러운 건 아닐까? 나 같은 인간을 만들지 않기 위해 아이를 잘 키워야 한다는 생각이 결국 아이 키우기를 부담스럽게 만든 건 아닐까?

그와 더불어, 사람들은 자신이 서 있는 지반이 불안하게 느껴질 때 내 아이가 살아갈 미래를 확신할 수 없는 게 아닐까 싶기도 하다. 우리가 사는 이 세상이 우리에게는 너무 빠르고 버거운 건 아닐까? 이유가 무엇이든, 아니 사실 전부일 것 같기는 한데, 이는 전대미문의 현상이다. 인류는 한 번도 개체수를 자발적으로 줄이는 상황에 처해본 적이 없다.

그렇다고 "아무것도 모르는 듯 아무 생각 없이 아이를 낳아 대충대충 키우시오"라고 권하는 것은 아니다. 어우, 나도 조금만 더 똑똑했으면 안 낳았다. (얘들아 다시 한 번 미안하다….) 젊은 세대가 연애와 결혼과 출산을 포기하는 데는 그러한 이유도 조금쯤은 있지 않을까 싶어 이해해보려는 거다.

육아라는 난제와 난관의 진정한 핵심은 그것이 어떤 대가나 특정한 결과를 기대할 수 없는 일이라는 데 있다. 적어도 21세기의 육아는 그렇다. 기브 앤 테이크 또는 확실한 인과관계가 성립하지 않는다. 인간이라는 존재가 그렇게 움직이지 않기 때문이다. 내가 아이에게 해준 대로 고스란히 돌려받거나 아이에게 쏟은 인내와 노력과 열정이 찬란한 결과로 드러나리라는 기대 따위는 하지 않는 게 좋다. 그럴 바에는 차라리 적금을 붓고 개나 고양이를 키우는 게 낫다. 이 아이를 어떤 정성으로 얼마나 훌륭하게 키웠든 그것과 아이가 앞으로 살아갈 인생에는 명확한 연결고리가 없다.

아주 오래전에, 전 국민이 다 알 정도로 성공한 남자가 자기 어머니의 육아법을 소개한 적이 있다. 사람들은 역시 그런 어머니가 있었기에 저토록 훌륭한 인물이 나왔을 거라고들 했다. 길지 않은 시간이 지나 그 남자는 추락했다. 사람들은 더이상 그를 동경하지 않는다. 그는 좀 우스운 존재가 되었고, 그래서 나는 그를 볼 때마다 그의 어머니의 다소 별나던 육아법을 떠올린다. 그 육아법이 그의 현재와 무슨 관계가 있을까? 별 관계가 없을지도 모른다. 아니, 그런 육아법 덕분에 그는 자존감이 높은 사람이 되었을 수도 있다. 그가 청년기와 중년기에 이룬 성취들은 역시 그것과 관계가 있을지도 모른다. 그러나 동시에 그 때문에 나약하고 우유부단한 도련님이 되었을지도 모른다. 정확한 것은 아무도 모른다. 그 자신도 모를 것이다. 그러니 부모의 육아법과 자식의 성취와 실패는 사실상 크게 관계가 없다. 그의 인생 자체라면 또 몰라도.

오늘 문득 커다란 질문 하나가 떠오른다. 그 질문은 내 위장을 짓누른다. 근심 없이 화창하던 세상에 순식간에 먹구름이 드리운다. 그것은 바로 "이 아이들을 위해 내가 무엇을 해야 하나?"다. 큰 질문은 이내 작은 질문들로 이어진다. 이래도 되는 걸까? 이렇게 넋 놓고 있어도 되는 걸까? 내 눈에는 낭떠러지로 직진하고 있는 내 아이들을 이대로 내버려둬도 되는 걸까? 이건 부모로서 책임 방기가 아닐까? 이런 질문들의 무게가 천근만근처럼 느껴질 때마다 생각한다. 왜 아이들을 낳았을까? 혼자 편하게 살 것을….

사실 내 불안의 가장 큰 지분은 아이들이었다. 불안은 언제나 먹잇감을 찾아 헤맨다. 발효종이나 비슷하다. 나는 때에 따라 적절한 먹잇감을 주며 불안을 무럭무럭 키운다. 아이들이 어릴 때는 아이들에게 무슨 일이 생기지나 않을까 불안에 떨었다. 아이들이 유괴되면 어떻게 하지? 하루아침에 사라져버리면 어떻게 해? 아이들이 병에 걸리면 어떻게 하지? 사고가 나면 어떻게 하지?

아이들이 좀더 크자 보호해야 한다는 불안감은 자립시켜야 한다는 불안감으로 발전했다. 보호와 자립, 둘 다 어려운 건 마찬가지라서 어느 쪽이냐고 물으면 둘 다 선택하고 싶지 않다… 답하고 싶은 불안감이다. 요즘의 내 머릿속은 그 생각으로 가득하다. 애들이 인간 구실을 하며 살 수 있을까? 내가 그리는 아이들의 미래는 암담하기만 하다.

아이는 귀엽다. 강아지보다 훨씬 더. 하지만 문제는 이것이다. 강아지는 내가 죽을 때까지 끼고 살 수 있다. 하지만 아이는 그럴 수 없다. 아이는 어느 순간이 되면 내 품에서 떠나보내야 한다. 그러려면 엄마 고양이처럼, 엄마 새처럼 자식의 목덜미라도 물어서 둥지에서 떨어뜨려야 한다. 모질어져야 한다. 하지만 인간은 그렇게 모질어지기 어려운 존재다. 아아, 차라리 인간이 아니라 고양이나 새였더라면….

이 글을 쓰기 시작할 때 어느 술자리에서 누군가에게 들었던 질문이 하나 있다. 그 자리에서 나는 가장 나이가 많은 축에 속했다. 우리는 젊은 시절에 대해 이야기하고 있었다. 나는 언제나 품고 있던 소신을 당당하게 말했다. "저는 20대가 끔찍하게 힘들었어요. 죽어도 그때로 다시 돌아가고 싶지는 않아요." 내 또래의 사람들이 고개를 끄덕였다. 그때 구석에 앉아 있던 30대 초반의 여자가 이해할 수 없다는 듯한 표정으로 말했다. "왜 그렇게 생각해요? 난 그때 정말 좋았는데."

평소였다면 속으로 '으이구 너도 늙어봐라' 하고 그 말을 무시했을 거다. 나는 젊은 날을 그리워하는 중년처럼 어리석은 인간도 없다고 생각하며 살아왔다. 역사가 진보한다고 믿는 사람처럼 나의 삶도 그런 식으로 나아지고 있다고 믿었다. 그래서인지 그의 대꾸는 솔직히 좀 불쾌했고 그런 만큼 기억에서 잊히지 않았다. 왜 그 말이 불쾌하게 들렸을까? 처음에는 그의 태도가 다소 무례했기 때문이라고 생각했다. 그런데 가만 생각해보니 아니었다. 그 불쾌함은 마치 카프카의 유명한 도끼 썰처럼, 그가 던진 질문이 내 안의 얼어붙은 바다를 깨부수는 도끼였기 때문이었다.

그 질문을 통해 지난 십수 년간 추호의 의심도 없이 믿었던, 거의 진리에 가깝다고 믿었던 것에 대해서, 그러니까 '20대는 끔찍한 시기다. 언제나 나이든 것이 더 낫다'는 나의 주장을 원점으로 돌아가 다시 생각하기 시작했다. 나는 왜 그렇게 생각했을까? 정말로 20대가 그렇게 끔찍했을까?

끔찍했던 기억이 몇몇 떠올랐다. 그런데 그때가 그렇게 끔찍하기만 했던가? 아니, 그렇지는 않았다. 즐거웠던 적도 행복했던 적도 무수히 많다. 끔찍했던 몇 개의 기억을 떠받치고 있던 작은 기억들은 대개 그런 것들이었다. 즐겁고 행복하고 보람차고 기쁘고 설레던 기억. 그리고 보통은 아무렇지도 않던 기억.

그때는 기쁨도 즐거움도 설렘도 행복도 지금보다 몇 배는 더 강렬했다. 너무 강렬해서 베여 피가 날 듯이 강렬했다. 그래서 기쁨과 즐거움과 설렘과 행복마저 어쩐지 부담스러웠다. 태어나서 처음 경험해보는 감정을 어떻게 표현하고 숨겨야 할지, 그것들을 어떻게 삼키고 소화하고 버려야 할지 알기 어려웠다. 나는 가진 게 없었고 아는 것도 없었다. 너무 없었다. 그래서 내 존재가 별 볼 일 없이 느껴질 때가 많았고, 그래서 그 시절이 힘들었다.

그래, 그때가, 나의 젊은 시절이 실제로 끔찍했다고 치자. 그렇다고 그걸 끔찍했던 시절로 기억하는 게 무슨 도움이 될까? 그때보다는 지금이 낫다고 자위하는 데? 나는 정말이지 그 시절로 돌아가고 싶지 않다. 아무리 생각해도 그렇다. 그렇다고 해서 그 시절이 끔찍하기만 했다고 말할 필요가 있었을까? 힘들었지만 의미 있는 시절이었어, 하지만 다시 돌아가지는 못하겠어, 정도로 표현해도 좋지 않았을까?

얼마 전에 그런 이야기를 들었다. 너무 쉽게 상처받고 좌절한다면, 예를 들어 면접에 한 번 떨어질 때마다 세상이 끝난 것처럼 힘들다면 그건 마음에 병이 있어서라고. 그럴 때는 병원에 가보는 게 좋다고. 아니, 원래 다 그런 거 아니었어? 놀란 나는 (나와 성격이 대체로 정반대인) 친구에게 물어봤다. "넌 면접에서 떨어지면 어땠어?" 그러자 친구는 "뭐, 기분이 좋지는 않지만 에이 나랑 인연이 아닌가 보다, 하고 잊어버려"라고 말했다. 놀라웠다.

나는 거절에 익숙지 못하다. 쉽게 좌절한다. 그런 성격 때문에 칭찬받을 일보다는 비난받을 일이 더 많고, 환영받기보다는 문전박대당할 일이 더 많고, 성공하기보다는 실패할 일이 더 많은 그 시절이 힘들었던 모양이다. 그리고 내 20대가 힘들고 불안했기에 아이들의 현재와 미래도 낙관할 수가 없다. 내가 겪은 그 모든 처음을 이 애들도 겪어야 한다고? 현기증이 난다.

하지만 이런 관점을 고수한다면 아이들이 앞으로 맞닥뜨릴 모든 난관에 엄마인 내가 더 안달복달하게 될 것이다. 괜히 끼어들어 아이들의 인생마저 힘들게 만들지도 모른다. 내가 힘들 때마다 우리 엄마가 드러눕는다고 생각해보라. 안 돼, 그런 엄마가 되어서는 안 된다.

이제 내 어린 시절을 재평가해야 할 때가 왔다. 그때도 행복이 있었다. 어려울 때도 있었지만 분명한 행복이 있었다. 이제껏 길에서 젊은 날의 나를 만나면 쥐어박거나 엉덩이라도 걷어차고 싶은 심정으로 씩씩대고 있었지만, 지금 내가 이룬 조그마한 성취들은 모두 그때의 내가 열심히 휘둘렀던 헛발질의 토대 위에서 자랐다.

그 무수한 실패와 실수들 없이 어떻게 여기까지 올 수 있었겠는가. 어떻게 곁을 지켜주는 한줌의 사람들이 소중한 줄 알고, 어떻게 한 페이지의 읽어줄 만한 글을 쓸 수 있고, 어떻게 처음 만난 사람과도 (중증의 낯가림 병을 숨긴 채)

아무렇지도 않은 척 대화를 이어나갈 수 있고, 어떻게 장례식장에서 두 번 제대로 절할 수 있었겠는가.

무엇보다 그때의 나를, 애쓰던 나를 안쓰러워해주자. 그 애를 너무 미워하지 말자. 그 시절을 아름답게 추억하자. 그 시절 내가 흘렸던 눈물이 얼마나 값졌는지를 잊지 말자. 그럴 수 있어야 내 아이들의 미래까지 낙관할 수 있다.

이 글을 쓰고 있는 카페에서 갑자기 화재경보기가 울렸다. 사람들이 당황한 얼굴로 무슨 일인지 알아보려 고개를 쑥 빼고 두리번거리기 시작한다. 카페에 들어온 지 얼마 안 된 가족(아빠와 엄마 그리고 어린 아들)도 일어난다. 주춤거리던 부모가 옷을 챙기고 나갈 준비를 한다. 다른 사람들, 혼자 온 사람들은 눈치만 볼 뿐이다.

한참 동안 울리던 벨이 멈춘다. 부모가 분위기를 살핀 뒤 아이에게 설명한다. "원래라면 저 문으로 뛰어나가야 하는데 잘못 울린 것 같아. 그래도 출입문이 바로 앞에 있으니까 괜찮아." 가족은 다시 옷을 내려두고 자리에 앉는다.

만일 그 부부에게 아이가 없었다면 어땠을까? 그들도 잠시 눈치를 보며 나갈까 말까 고민했을 것이다. 그렇게 곧바로 일어서지는 않았을지도 모른다. 그들이 자리에서 일어났던 이유는 아이를 보호하기 위해서이기도 하고, 아이에게 이런 상황에서 어떻게 행동해야 하는지를 보여줘야 해서이기도 하다. 그런 삶이 매일 24시간 지속된다. 아이가 있는 삶은 그런 것이다.

에릭 와이너가 쓴 『소크라테스 익스프레스』의 '소크라테스' 편에는 철학은 완벽한 답을 내는 것이 아니라 좋은 질문을 던지는 것이라는, 여러 번 들었으나 자꾸 잊게 되는 말이 나온다. 좋은 삶은 답이 아니라 질문에 초점을 맞추고 그 질문을 살아내는 것이라고도 한다.

좋은 삶. 좋은 말이다. 나는 좋은 삶을 살고 싶다. 훌륭하거나 멋지거나 성공적인 삶이 아니라, 좋은 삶을 살고 싶다. 좋다는 것은 무엇인가? 지금은 잘 모르겠지만, 살아가면서 좋음에 대한 정의와 예시를 하나씩 모으다보면 내 삶은 자연스럽게 나만의 좋은 삶이 되어가지 않을까? 그런데 질문을 살아내는 것. 답을 요구하는 것이 아니라, 빠른 답을 내기 위해 발버둥치는 게 아니라 그 질문을 살아내는 것, 그건 무엇을 뜻할까?

지금 나의 질문, '내 아이들은 과연 인간 구실을 하고 살 수 있을까', '나는 이 아이들에게 어떤 부모가 되어주어야 할까'라는 질문에 대한 답은 간단해 보이지만, 그 질문을 살아내는 일은 결코 쉽지 않다. 사실 하루하루가 버겁다. 하지만 나는 그 질문을, 답을 구하지 않는 마음으로 그냥 살아보려고 한다.

특별한 일이 없는 한 내 인생이 여기에서 끝나거나 아이들의 인생이 여기에서 완결되지는 않을 거다. 그렇다면 나는 때로는 업그레이드되기도 하고 때로는 다운그레이드되기도 하면서, 실수를 반복하고 깨달음을 거듭하면서 성인이 된 아이들과 어울려 살아갈 것이다. 가급적 내가 그 아이들에게 씻을 수 없는 상처를 주지만은 않기를 바라면서 조심조심 가는 수밖에 없다.

아이를 키우는 것에 어떤 의미가 있는지, 그게 무슨 득이 되는지, 왜 아이를 낳고 키워야 하는지 잘 모른다. 아니 알고 있다고 해도 내가 아는 것으로 남을 설득할 자신이 없다. 가끔은 왜 이 삶을 계속 살아야 하는지 나 자신조차 설득하기 힘들기 때문이다. 그렇다고 무를 수는 없으니 계속 가는 것뿐이다.

아이들이 보고 있다. 그래서 너무 아닌 인간은 될 수가 없다. 너무 아닌 인간만은 되지 않기 위해 안간힘을 쓴다. 아이들이 보고 있으니까. 내 뒤에 오는 누군가가 있으니까. 그 사람을 위해 담배 연기를 내뿜지 않고 적당한 속도로 걷고 쓰레기를 던지지 않고 앞에 위험한 것이 있으면 알려줘야 하니까. 그 사람을 위해 문을 쾅 닫지 않고 잡아줘야 하니까.

그리고 내가 그랬던 것처럼, 세상 모든 이들이 그랬던 것처럼 내 아이도 자연스럽게 젊음이라는 어두운 터널을 통과할 것이다. 아무리 생각해도 그 어두운 터널로 다시 돌아가고 싶지는 않지만, 그렇다고 그 터널이 아무 의미가 없었다고 말할 수도 없다. 그 터널은 누구에게나 젊은 시절에 거쳐야 할 경로로서 주어지고, 그 터널을 통과하며 내 아이도 비로소 어른이 되어갈 것이다. 좀 진부한 비유이기는 하지만, 아기가 세상 밖으로 나올 때 전력을 다해 엄마의 좁고 좁은 산도를 통과하는 것과 마찬가지로. 오직 태어나기 위해서. 오직 인간의 삶을 살아가기 위해서.

이제 내 어린 시절을 재평가해야
할 때가 왔다.
그때도 행복이 있었다. 어려울 때도
있었지만 분명한 행복이 있었다.
지금 내가 이룬 조그마한 성취들은
모두 그때의 내가 열심히 휘둘렀던
헛발질의 토대 위에서 자라난
것들이다.
그 무수한 실패와 실수들 없이 어떻게
내가 여기까지 올 수 있었겠는가.

마음의 노래　　　Track 10

Tom Misch, 〈Smells Like Teen Spirit〉(Quarantine Sessions)

너바나의 원곡과 달리 이 연주곡은 조금 쓸쓸하게 들립니다. 커트 코베인이 살아 있었다면 이런 느낌으로 부르고 있었을지도 모르겠어요. 피가 끓는 20대에 부른 노래와 산전수전 다 겪은 중년에 부른 노래는 분명 다르겠죠. 얼마 전에 락페, 그러니까 락 페스티벌에 다녀왔습니다. 저도 소싯적에는(이런 단어가 나오면 일단 주의해야 합니다) 락페 좀 가던 여자애였는데, 어느 순간부터 덥고 힘들고 사람 많은 게 싫어지더라고요. 그러나 최근에 간 아시안 팝 페스티벌은 날씨도 쾌청, 시설도 너무 좋아서 체력도 열정도 떨어진 저 같은 중년도 신나게 즐길 수 있었습니다. 그런데 요즘의 락페에서 가장 달라진 점은 관중이었어요. 우리 때는(또 주의!) 슬램이라고 해서, 미친 듯이 뛰면서 아무에게나 몸을 부딪치며 노는 것이 대세였습니다. 그땐 다들 화가 나 있었지요. 낯선 사람들 위로 몸을 던지기도 하고요. 하지만 요즘은 강강술래도 하고 기차놀이도 하고 웃고 즐기며 너무 귀엽게 놀더라고요. 또 달라진 점은 젊은 여성 관객의 수가 압도적으로 많다는 거였습니다. 남의 시선 따위는 개의치 않고 신나게 춤추고 뛰는 그들의 모습이 신기하기도 하고 멋지기도 했습니다. 그나저나 그 시절, 얼굴이 벌개져서는 아무에게나 마구 몸을 부딪치며 분노를 발산하던 청년들도 이제는 중년이 되었겠지요. 그 화는 그때 다 풀렸을까요? 아니면 지금도 화가 나 있을까요? 지금의 화는 어떻게 풀고들 있을까요? 문득 궁금해집니다.

난기류는 원래 무서워

　30대에 뜬금없이 비행공포증이 생겼다고 쓴 적이 있다. 지금도 여전히 비행기는 무섭고, 비행기를 타기 전에는 병원에서 처방받은 안정제를 챙긴다. 그래도 처음 발병했을 때보다는 훨씬 좋아져서 요즘은 가까운 거리는 약을 먹지 않고 가볍게 타는 편이다. 전에는 비행기라는 글자만 봐도 화들짝 놀라거나 비행기가 하늘을 지나가기만 해도 무서웠다. 이제 그 정도는 아니지만 '난기류'라는 단어에 대한 공포심은 여전하다. 난기류라고 말하거나 읽거나 쓰기만 해도 식도에서 위장으로 이르는 길이 묵직하게 굳으며 팔다리에서 힘이 쫙 빠진다. 생각이라는 것은 얼마나 무시무시한가.

　그러나 이제는 난기류를 만난다고 해서 비행기가 추

락하진 않는다는 사실을 조금씩 받아들이는 중이다. 오 아니야, 이렇게 쓰고 있는데도 역시 무섭다. 공책 한 페이지 가득 '난기류'라고 쓰면 이 공포심이 좀 덜해지려나? 어디 가서 모의 파일럿 훈련이라도 받아보면 좀 나으려나? 솔직히 여기에 '난기류'라는 글자를 쓰는 데도 용기가 필요했고 '난기류'라는 제목을 단 이 파일을 다시 여는 데도 그만큼의 용기가 필요했다. 아아, 공포의 힘은 대단하다.

얼마 전 유튜브에서 어떤 사람이 탄 비행기가 이륙 직후부터 착륙 직전까지 네 시간 내내 미친 듯이 흔들렸다고 이야기하는 영상을 봤다. 승객들 모두 공포에 질린 비행이었고 그 역시 다시는 비행기를 못 탈 것 같을 정도로 무서웠다고 했다. 심지어 승무원들조차 기도를 하고 있었단다. 그럼에도 그는 이 얘기를 무척 재미있게 했다. 어쨌든 여기 멀쩡하게 살아 있으니까. 그 후에도 그는 어쩔 수 없이 계속 비행기를 타는데, 그럴 때마다 지난 삶을 정리하는 마음으로 비행기에 오른다고 했다.

그런 것이다. 흔들리는 비행기는 무섭다. 그게 아무렇지 않은 사람은 없… 아니, 있을 수도 있겠지만 흔치는 않을 것이다. 나만 그런 게 아니다. 무서운 게 당연하다. 무서운 일이 일어나면 무서워하는 게 정상이다.

아, 물론 정말로 아무렇지 않을 때가 있기는 했다. 20대의 내 뇌는 어딘가 배선이 잘못되었는지 수없이 비행기를 탔지만 단 한 번도 무섭다고 생각해본 적이 없다. 사실 자리에 앉자마자 잠이 들었다. 비행기에서는 왜 그렇게 잠이 잘 오는지. 자다가 일어나서 기내식을 먹고, 한 그릇 더 먹고 싶다고 생각하고, 영화도 보고 책도 읽고 그림도 그리다가 또 신나게 잤다. 비행기 타는 게 즐겁고 비행기 탈 생각만 해도 신이 났다. 난기류? 그게 뭐야? 내 기억에 비행기가 흔들렸던 일은 단 한 번도 없다. 어쩜 그럴 수가 있지? 그때의 내 뇌가 부럽다.

혀가 갑자기 쓰라리기 시작한 후로 계속해서 쓰라리듯, 다시는 혀에 아무 느낌도 없는 예전의 상태로 돌아갈 수 없듯, 살다보면 돌이킬 수 없는 변화가 일어나기 마련이다. 아무리 많이 먹고 잠이 들어도 다음 날 아침이면 납작해지던 20대의 아랫배는 다시 돌아오지 않는다. 1.5와 2.0을 오가던 시력은 영영 옛날 일이 되었다. 이제는 허리를 굽히는 요가 동작은커녕 바지에 두 발을 넣기도 버겁다.

한때 좋아했던 음악을 더이상 좋아하지 않는다. 한때 좋아했던 음식을 더이상 좋아하지 않는다. 한때 좋아했던 사람을 더이상 좋아하지 않는다. 한때 나를 좋아했던 사람이 더이상 나를 좋아하지 않는다. 집 밖을 나설 때마다 내 손을 잡으러 달려오던 아이들은 엄마의 잔소리에 방문을 닫아버리는 다 큰 사람이 되었다. 지나간 것은 지나간 것이다. 다시 돌아오지 않는다.

그러니 난데없는 비행공포증이야말로 내가 나이들었다는 증거가 아닐까? 나이가 드니 아무렇지도 않았던 것들이 갑자기 무서워지고, 그걸 무서워하는 내 상태가 낯설어 더 무섭고, 과거에 아무 노력 없이 가지고 있던 것들을 하나씩 잃어가는 게 무서운 거 아닐까? 지금 나는 좋았던 옛날로 다시는 돌아갈 수 없다는 사실에 슬퍼하고 있는 거 아닐까?

비행공포증이 너무 심해서 여행 한 달 전부터 안절부절못했을 때, 동네 정신건강의학과에 찾아간 적이 있다. 의사는 증상을 듣더니 그 정도면 별거 아니라며 약을 처방해주었다. 두 알을 먹고 그래도 진정되지 않으면 두 알을 더 먹으라고 했다. 나는 타이베이로 향하는 비행기를 기다리며 약 두 알을 먹었으나 이륙하기 전까지도 너무 무서워 결국 두 알을 더 먹었다. 그리고 이륙 직후 기절해서 착륙 직전 깨어났다. 와, 이렇게 간단한 거였어? 약의 효과는 대단했다.

그런데 여행지에 도착한 후부터 우울감이 시작됐다. 아니, 여행을 왔는데 왜 이렇게 신이 안 나지? 나중에는 신이 안 나는 걸 넘어 기분이 너무 처지니 아무런 의욕조차 생기지 않았다. 돌아오는 비행기에서 또 약 네 알을 먹고 기절했다가 깨어났다. 집에 돌아와서도 우울감은 계속됐다. 아무런 이유가 없었다.

이틀째 까닭을 모르는 슬픔과 절망의 감정에 빠져 있다가 도저히 안 되겠다 싶어 달리러 나갔다. 달리다보니 묵직했던 폐가 조금씩 가벼워지는 느낌이 들었고 그와 동시에 가슴 한가운데 걸려 있던 먹구름 같은 것이 사라져버렸다. 아마 약의 부작용이었던 것 같다. 그 약이 나에게는 과했던 거다. 역시 네 알이나 먹어서는 안 됐다.

수년 후 내 불안장애를 치료해준 새로운 정신과 의사 역시 비행기 탈 일이 있을 때마다 두 알의 약을 처방해준다. 하나는 정신적인 불안을 가라앉혀주는 약이고 다른 하나는 신체적인 긴장을 진정시켜주는 약이다. 의사는 갈 때는 약을 먹되 올 때는 약 없이 한번 타보라고 했다. 약을 먹지 않고 두려움을 다루는 법을 배우라는 뜻이었다.

그 약은 두 알만으로도 무척 효과가 좋았다. 인천에서 가오슝까지 세 시간이 좀 못 되는 비행 내내 참으로 오랜만에 아무렇지도 않았다. 심지어 기내식까지도 싹싹 다 긁어 먹을 수 있을 정도였다. 도착할 즈음에는 기상이 좋지 않아 비행기가 많이 흔들렸지만 그조차 아무렇지 않았다. 머리로는 '아, 흔들리네. 무서운걸' 하고 생각했지만 그것이 감정까지 지배하지 않았다. 감정이 평온하니 몸도 스트레스 반응을 보이지 않고, 몸이 스트레스 반응을 보이지 않으니 감정도 평온하다. 부작용도 전혀 없었다.

그러나 몇 달 후 교토와 고베에 다녀오던 비행 때는 약을 먹었음에도 긴장해서 정신을 못 차렸다. 아무래도 부모님과 여행하면서 사약처럼 진한 커피를 하루 세 잔씩 마신 영향이었던 모양이다. (우리는 커피와 맥주라면 환장을 하는 집안이다.)

의사는 불안에 가장 좋지 않은 것이 카페인과 알코올

이라고 했다. 카페인은 흥분과 불안을 불러일으키기에 불안장애 환자에게는 쥐약이나 다름없고, 알코올은 일시적으로 불안한 마음이 가라앉는 것처럼 느껴지나 결과적으로는 술이 깨면서 악순환이 반복된다고 했다. 심지어 중독의 문제도 있다. 아무튼 진료가 끝날 때마다 의사는 인사처럼 "커피 마시지 마시고요"라고 했는데 나는 앞에서는 "네…"라고 말한 후 곧장 커피를 마시러 갔다.

커피와 맥주 없이 어떻게 즐거운 인생을 살 수 있는지 나는 모른다. 고등학교 때까지 다른 애들이 잠을 쫓기 위해 달고 살던 자판기 믹스커피는 물론이고 박카스도 마시지 않던 나는 20대 초반에도 커피 맛을 몰랐다. 그 시절에는 커피 같은 커피를 마시기 쉽지 않았다. 자판기 커피가 주류였고 카페에서 파는 원두커피라는 것도 그저 쓰고 묽기만 해서 보리차를 마시는 듯했다.

20대 후반에 아이 둘을 낳았는데 둘째가 죽어라 잠을 자지 않았다. 밤마다 몇 번씩 깨서 울부짖는 아이를 달래느라 제정신이 아니었다. 아이는 낮에도 업어야만 잠이 들었고 나는 너무 졸려서 어쩔 수 없이 아이를 업은 채 커피를 사발로 내려서 마셨다. 나는 점점 카페인에 중독되는 동시에 만성 위염 환자가 되었다.

진짜 커피의 맛을 알게 된 것은 30대 이후. 이제 커피 없는 인생은 상상조차 할 수 없다. 하지만 커피를 마시면 불안을 얻고, 불안을 잃으면 커피도 잃는다. 뭘 택해도 망하는 기분이다. 슬프다.

변화는 점진적으로 일어난다. 교토와 고베에 다녀온 지 몇 달 만에 제주도로 가는 비행기를 탔다. 왠지 이번에는 약을 안 먹어도 탈 수 있을 듯했다. 그즈음에는 1년 반 동안의 불안장애 치료도 잘 끝난 상태였다. 물론 약은 늘 가방 속에 넉넉히 들어 있다. 정말 무서우면 두 봉지를 다 먹고 기절해버릴 테다, 하는 비장한 마음을 품었다.

제주로 향하는 아시아나의 큰 비행기는 무척 부드럽게 움직였고 기내 방송을 하는 기장의 목소리는 원숙하고 다정했다. 착륙마저 완벽했다. 한 시간도 채 못 되는 짧은 비행이지만 약 없이도 즐겁게 탈 수 있었다. 그때부터 자신감이 생기기 시작했다.

전에는 비행기표를 예매하기 전에 우선 항공사 홈페이지에 들어가서 비행기 기종부터 검색하곤 했다. 사고 이력이 잦거나 소형인 비행기는 웬만하면 피했고 좀더 비싸더라도 안전해 보이는 대형 비행기를 선택했다. 출발 일주일 전부터는 인천 공항과 도착 공항의 날씨를 검색한다. 기상청 홈페이지에서 서비스되는 항공 날씨까지 수시로 체크한다(본다고 뭘 아나…). 그런 일을 거의 강박적으로 했다.

그런데 이제는 그런 일을 거의 하지 않는다(아예 안 하지는 않는다). 크게 궁금하지 않아졌기 때문이다. 심지어 이제는 이런 생각도 든다. 조종사가 나보다 훨씬 잘 알 텐데 그 사람이 알아서 하겠지!

전에는 그런 생각을 억지로 해도 전혀 도움이 되지 않았다. 하지만 지금은 조종사와 승무원들을 믿는다. 어… 100퍼센트는 아닌데 그래도 믿기는 믿는다. 나야 1년에 한두 번 타는 게 전부지만 저 사람들은 매일같이 비행기를 탈 텐데, 비행기 타는 게 인생일 텐데, 나 같은 사람이 무서워하는 건 좀 웃기지 않나 싶은 것이다. 물론 비이성적인 공포 상태에 빠져 있을 때는 이런 생각도 전혀 도움이 안 된다. 비이성을 이성으로 교화시키는 것은 너무나 어려운 일이기 때문이다.

아무튼 그때 얻은 자신감으로 몇 달 후에는 좀더 먼 거리에 도전해보기로 했다. (비행공포증 극복을 핑계로 한 잦은 해외여행.) 이번에는 다섯 시간이 넘는 인천 – 하노이 – 방콕 구간이다. 하노이에서 이틀 동안 스톱오버한 후 다시 방콕으로 가는 여정이기에, 결과적으로 왕복 네 번이나 비행기를 타야 했다. 이번에도 약은 먹지 않았다. 먹지 않기로 다짐한 게 아니라 먹어야겠다는 생각이 별로 들지 않았다.

두려움이 느껴질 때마다 이 느낌이 계속 가시지 않으면 약을 먹으면 된다고 스스로를 다독였다. 비행기가 추락할 것 같다는 공포를 느낄 때면 그 공포에서 벗어나기 위해 스스로를 설득하며 진을 빼는 대신, '아, 나 무섭구나' 하고 인정했다. 그렇게 생각하는 것만으로도 공포와 한몸이 되지 않을 수 있었다. 아니, 공포라는 작은 불씨에 풀무질을 해서 그것을 들불로 번지게 하지 않을 수 있었다.

듣고 있던 음악에 맞춰 팔다리를 살짝 흔드는 것도 도움이 됐다. 스트레스는 당장 그 상황에서 벗어나려 하는 신체적인 반응이기에 몸을 움직여 스트레스를 해소한다. 그러다 시간이 좀 지나면 비행기는 흔들리지 않았고, 전 같으면 그럴 때도 곧 다시 흔들리다가 추락할까 벌벌 떨었겠지만 이번에는 차분했다. 나는 기내식을 알뜰하게 먹고 차도 주문해서 마셨다. 그러고 나서 아주 오랫동안 비행기 안에서는 못 했던 일, 책을 읽었다. 책이 읽혔다! 감개가 다 무량했다.

그날의 비행은 너무나 부드러워서, 나중에는 '이렇게 쉬우면 훈련이 안 되는데… 조금 흔들려도 괜찮겠어' 하고 방정을 떨기까지 했다. 아니나 다를까 베트남에 도착할 무렵 비행기가 자주 흔들렸다. 흔들릴 때는 무서웠다. 나는 무서운 감정을 당연히 받아들였다. 그러다가 흔들리지 않을 때는 무섭지 않았다. 흔들릴 때는 무섭고 흔들리지 않을 때는 무섭지 않다. 흔들릴 때 무서운 것은 이상한 것도, 뭐가 잘못된 것도, 고쳐야 할 것도 아니다. 당연한 것이다.

공포는 무서운 일이 일어났을 때의 감정이고, 불안은 무서운 일이 일어날지도 모른다고 상상할 때의 감정이라고 한다. 어쩌면 비행기가 흔들릴 때도, 난기류를 만날 때도 무섭지 않아야 한다고 생각했기에 공포에 질린 나 자신에 당황했던 게 아닐까? 그리고 아직 일어나지도 않은 일에 대한 공포를 미리 반복 체험하면서 공포에 대항해 뭔가를 하고 있다는 착각에 빠져 있었던 것은 아닐까? 공포에 대항한다는 생각, 그 자체가 나를 더 공포에서 빠져나오지 못하게 했던 것은 아닐까?

 물론 이렇게 생각한다고 해서 '무서움'이 완전히 사라지지는 않는다. 여전히 나는 비행기가 무섭다. 비행기를 타는 일이 내게는 그렇게 즐거운 경험은 아니다. 그런데 그 무서움이 나를 잠식하지는 않는다. 무서움은 다른 수많은 감정과 함께 있다. 물론 아직은 그 무서움이 다른 감정들보다 조금 더 세다. 비행기가 오르거나 내릴 때, 많이 흔들리거나 할 때면 무서움이 고개를 치켜든다. 그러나 그 외의 순간에는 빠르게 다른 감정들로 교체된다. 편안함을 느끼기도 하고 배가 고프기도 하고 지루하기도 하고 맛있기도 하고 호기심이 들기도 한다. 호기심, 호기심이 중요하다. 호기심과 공포는 혼재하기 쉽지 않기 때문이다.

 『불안이라는 중독』을 쓴 저드슨 브루어는 불안의 거센 물결에 휩쓸리는 대신 호기심을 가져보라고 한다. 불안이라는 감정과 나 자신을 분리해보라는 것이다. 말했듯이 호기심은 공포와 혼재하기 어렵다. 호기심은 불안을 이길 수 있는 거의 유일한 무기다. 그 말대로 이제 비행기를 탈 때마다 나 자신을 세심하게 관찰한다. 무서운 건 어떤 느낌인지, 긴장되는 건 또 어떤 느낌인지에 집중하려 노력한다. 식도가 따끔거리고 위장이 묵직해지고 다리에 힘이 빠지는 것을 가만히 지켜본다.

확실히 비행기를 타기 전 고카페인 음료를 많이 섭취하면 좀더 흥분되는 듯하다. 그런 면에서 불안은 신체적인 반응일 수 있다. 몸이 흥분하니 마음도 덩달아 '어, 나 왜 이러지?' 하고 흥분하는 거다. 그래서 요즘은 흥분될 때, 불안할 때면 그것이 몸의 문제는 아닌지 먼저 살펴본다. 몸이 흥분했다고 해서 반드시 마음까지 불안해질 필요는 없다.

반드시 마음까지 불안해질 필요는 없다.

그 말이 요즘의 내 만트라다. 불안에서 달아나려 하지 않는다. 나는 그 불안을 뭐랄까, 〈인사이드 아웃2〉에 등장하는 주인공 라일리의 마음속 '불안이'처럼 귀여운 존재로 그려보기로 한다. 나를 집어삼키려는 어둠 속의 무시무시한 괴물이 아니라 겁 많고 정신없고 흥분한, 딱한 존재로. 언제나 나와 함께 있는 친구 같은 존재로. 내가 이

나이까지 살아오며 마주치거나 마주치지 않았을 무수히 많은 위험을 피하며 살 수 있게 해준 고마운 존재로.

　이 글을 쓰고 고치면서 깨달은 사실이 하나 있다. 전에는 '왜?'에 대한 답을 찾는 데 골몰했었다. 내가 왜 이렇게 됐을까? 왜 비행기가 무서워졌을까? 마치 이유를 알면 문제가 사라질 것처럼 말이다. 지금은 자연스럽게 '왜?'를 뛰어넘게 된다. 그걸 안다고 해서 달라지지 않는다는 걸 알기 때문이다. 이유는 이유대로 두고, 지금 내게 중요한 것은 어찌됐든 비행기를 타는 일이다. 비행기를 타는 게 여행의 목적은 아니다. 내가 해야 할 일은 비행을 즐기는 게 아니라, 목적지에 도착할 때까지 너무 불쾌해지지 않도록만 하는 것이다.

　그래서 지금 나의 초점은 '어떻게?'에 맞춰 조정되었다. 어떻게 해야 비행기를 좀 덜 불쾌하게 탈 수 있을까? 어떻게 해야 좀 덜 긴장하고, 좀 덜 불안하고, 좀 덜 무서울까? 그런 것을 궁리한다. 그걸 궁리할 수 있게 된 것만으로도 내게 여유가 생겼다고 볼 수도 있고, 그걸 궁리하면서 반대로 불안과 두려움이 조금씩 뒤로 물러서게 되었다고도 볼 수 있다. 불안이라는 감정에 마구 흔들리는 대신에 내가 주도권을 쥐게 된 것이다.

또 하나 달라진 점은, 이 원고를 하도 열었다 닫았다 하며 고치다보니 '난기류'라는 글자가 처음처럼 공포스럽지는 않아졌다는 점이다. 그전에는 '난기류'가 무슨 볼드모트의 이름 같았는데 지금은 그냥 인생의 '난관' 정도로 느껴진다. 인생의 난관이야 이미 한두 개가 아닌데, 아니 내 인생 자체가 그냥 난관인데 더 무서울 게 뭐가 있겠는가. 역시 공포의 대상은 자주 접해야 치료에 도움이 된다.

몇 년 후면 나도 쉰 살이 된다. 그때는 오래전에 잠깐 가본 파리에 다시 갈 계획이다. 아마도 불안장애 치료를 받은 이후 가장 긴 비행이 될 것이다. 기대하는 만큼 조금 걱정스럽기도 하다. 그동안 계속해서 짧고 긴 비행을 반복하며 훈련을 해야겠지. 훈련의 효과가 있으면 좋겠다. (누가 들으면 파일럿이 되려는 줄 알겠다.)

물론 약은 언제나 내 가방 속에 들어 있다. 손을 뻗으면 닿을 수 있는 곳에. 나는 비좁은 이코노미석의 창가 자리에 앉아 비행기가 묵직한 동체를 흔들며 저 멀리 낯선 대륙을 향해 떠오르는 모습을 지켜볼 것이다. 이내 내 목

구멍에서 식도를 따라 위장을 거쳐 뱃속 깊숙한 곳까지 뜨겁고 짜릿하고 묵직하고 반짝이는 것들이 울렁이며 가득 차오를 것이다. 그때 나는 한 번 깊은숨을 내쉰 후 이렇게 속삭여볼 것이다. 안녕, 불안아. 오랜만이야.

흔들릴 때는 무섭고 흔들리지 않을
때는 무섭지 않다.
흔들릴 때 무서운 것은 이상한 것도,
뭐가 잘못된 것도, 고쳐야 할 것도
아니다.
당연한 것이다.

마음의 노래   Track 11

페퍼톤스, 〈계절의 끝에서〉

무서운 비행기 안에서는 익숙하고 편안한 목소리를 듣고 싶다고 생각하며 좋아하는 페퍼톤스의 노래를 골랐습니다. 비행기가 흔들려도 이 목소리를 들으면 왠지 괜찮을 것 같은 기분이에요. 페퍼톤스의 노래는 뭐랄까요, 쉬움과 어려움의 경계를 자유자재로 넘나드는 느낌입니다. 무엇보다 듣고 있으면 기분이 좋아져요. 늘 그렇지요. 20년이 넘게 그런 존재일 수 있다는 건 정말 대단한 일 아닌가요? 부럽습니다.

유쾌 상쾌 통쾌하게 망해보겠습니다

언젠가 친구가 이렇게 말했다.

"이번 생은 망했어."

'이생망'이라는 유행어가 퍼지기 전이었다. 그때 우리는 다 늙어버린 것 같았지만 지금 돌이켜보면 고작 30대 후반이었다. 심지어 그 애는 예쁘고 집에 돈도 많았다. 하지만 아직 원하는 직업을 갖지 못했고 원하는 결혼도 못 했기 때문에 자기 인생이 망했다고 했다. 그 애가 신기했다. 내가 그 애보다 먼저 이룬 것은 그나마 결혼해서 아이를 둘 낳은 것이었는데, 내 입장에서는 그 일이 딱히 성공한 것 같지 않았기 때문이다.

나는 인간이 망할 수 있다는 개념을 이해하느라 오랜 시간을 보냈다. 망함은 뭐랄까, 먼 나라의 전쟁 소식 같았다. 우리 집은 망할 일이 없었다. 아빠가 직업군인이었기 때문이다. 나라가 망하지 않는 한 이번 달에 아무리 쪼들려도 다음달이면 쥐꼬리만 한 월급이라도 나오긴 나왔다.

스무 살이 되기 전까지 내 방을 가져본 적도 없지만, 한우 꽃등심은 구경도 못 해봤지만, 멀쩡한 모양의 복숭아도 먹어본 적 없지만 우리 집은 망할 일이 없는 집이었다. 그래서 엄마가 오래전 망한 집의 딸이라는 사실은 옛날이야기처럼 특별하게 들렸다. 망하다니, 쫄딱 망하다니. 그건 어떤 걸까? 나는 『소공녀』 속 다락방으로 쫓겨난 세라를 떠올렸다. 망한다는 거, 어쩌면 꽤나 낭만적인 일일지도 모르겠다고 생각했다. 남이 겪는 고생은 할 만해 보이니까.

고3이던 해, 나는 수능 시험을 모의고사 때보다 더 잘 봤다. 그리고 원하는 대학의 원하는 학과에 원서를 넣어 특차로 합격했다. 크게 보면 그때까지 제대로 된 실패를 겪어본 적이 없었다. 대학을 졸업할 때쯤 되어서야 '아 씨, 나 망하고 있는 거 같은데…'라는 느낌이 왔다. 오라는 데가 한 곳도 없었던 거다. 내 인생 처음으로 닥친 망조였다. 그 후 나는 비바람이 몰아치는 거리에서 다 찢어지고 살이 부러진 우산 하나 들고 걷는 사람처럼 그 망조를 겨우겨우 버텨냈다.

돌이켜보면 잔잔하게 굴곡진 인생이었다. (왠지 안락의자에 앉아 한 손에는 위스키잔을 들고서 눈을 게슴츠레하게 뜨고 있어야 할 것 같다.) 조금 나아지는 듯하면 다시 아래로 내려갔고 조금 올라갔다 하면 끝이 안 보이는 정체기가 왔다. 늘 근근이 먹고살았다. 그러나 바닥까지 떨어질 일은 없었다. 우리 엄마처럼 쫄딱 망할 일은 없었다. 나와 남편에게는 망하지 않은 부모님이 있었기 때문이다. 쫄딱 망할 일을 벌일 만큼 간이 크지도 못했기 때문이다.

그렇게 살다보니 대출 만기일처럼 40대 후반의 나이가 찾아왔다. 내 주변에는 여전히 은은한 망조가 감돌고 있다. 어쩌다 이렇게 나이를 먹어버렸을까? 나 이제 어떻게 살지? 이제 내 인생에는 또 다른 기회도, 성공도, 행운도 딱히 없을 것 같다. 쉰 살 이후에 인생이 핀다는 게 가능할까? 뭐 찾아보면 그런 인생이 있긴 있겠지. 하지만 그런 일은 〈유퀴즈〉에 출연하게 되는 것만큼 드물다. 예순 살에는 또 어떻게 될까? 상상조차 할 수 없다. 이러다가 구십까지 살면 어떻게 하지? 장수마저 걱정스럽다.

망한다는 게 뭘까? 아직도 그게 궁금하고 무섭다. 절

벽 앞에 서서 오금이 저리는데도 자꾸만 아래를 내려다보고 싶은 기분과 비슷하다. 궁금한데 무섭고 무서운데 궁금하다.

    돌이켜보면 평생을 불안에 발목 잡혀 살아왔다. 학창 시절 내내 3월 한 달은 늘 울고 싶은 기분이었고 자주 배탈을 앓았다. 1980년대의 한국 사회는 숫기 없고 내성적인 아이들에게 가혹했기에 나는 늘 뭔가 잘못한 기분, 잘못된 기분으로 살았다.

    외출한 부모님이 밤늦도록 돌아오지 않는 밤이면 불 꺼진 방에 누워 그들이 영영 돌아오지 않으면 어떻게 할지를 고민했다. 제발 그들이 아무 일 없이 집에 돌아오게 해달라고, 신을 믿지도 않으면서 기도하고 또 기도했다. 과속으로 달리는 버스에 앉아서는 오늘이 내 제삿날이구나 싶어 온몸이 딱딱하게 굳었다. 대학을 졸업할 즈음에는 앞날이 막막해 패닉이 찾아왔고 자주 우울해졌다. 대체 뭘 해서 날 먹여 살려야 하는 걸까? 결국 어찌저찌 직장을 구하고 돈을 벌고 월세를 낼 수는 있었다. 하지만 어느 밤 야근을 하다가 문득 지금 밖으로 나가면 전봇대가 쓰러지고 건물이 무너져 깔려 죽을 거라는 공포심에 사로잡히기도 했다. 몇 시간을 혼자서 끙끙대다가 겨우겨우 퇴근을 했다.

아이를 낳고 난 후에는 아이들에게 무슨 일이 일어날지도 모른다는 공포심에 자주 악몽을 꿨다. 아이들을 어린이집에 맡기고 지하철을 탈 때면 심장이 오그라들 듯 두려웠다. 집에 돌아가지 못하면 어떻게 하지? 아이들에게 돌아가지 못하면 어떻게 하지?

30대에는 건강염려증에 시달렸고 비행공포증이 생겼다. 가계까지 점점 기울면서 어느 순간 내 목표는 성공이 아니라 망하지 않는 것이 되었다. 이렇게 망할 수는 없다는 결연한 마음이었다. 무슨 짓을 해서라도 국민연금을 내고 공과금을 내는 사람이 되리라, 무슨 짓을 해서라도 아이들의 학비를 벌겠노라 투지를 다졌다.

망하지 않는 게 목표가 된 사람은 모든 일에 방어 태세를 취하게 된다. 맹수들이 도사린 초원 위의 가젤 한 마리처럼. 나는 망할까 무서워서, 실패할까 두려워서 머리끝부터 발끝까지 힘을 잔뜩 주고 있었다.

이러저러한 고비들을 넘고 시궁창에 빠질 때마다 이 난관을 헤쳐나갈 여러 방법을 떠올려봤다. 좀더 낙천적인 사람이 되자든가, 용기를 가져보자든가, 발버둥을 쳐보자든가. 그런데 타고나길 비관적인 사람이 낙천적인 척하기도 쉽지 않았다. 용기를 가져보자고, 용감해지자고 스스로를 채찍질하기 위해서는 내 안의 겁쟁이를 억눌러야 했다. 그러나 자기 자신을 억누르면서 오래 가기가 쉬운가?

그러면서 걱정 없이 사는 태평한 주변 사람들에게 분개했다. 아니, 무슨 일이 일어날까 무섭지도 않은가? 저 사람, 저러다가 어쩌려고 그래? 나는 미리 걱정하지 않고 미리 대비하지 않는 사람들을 이해하지 못했다. 막다른 길에 몰린 사람은 그 막다른 길에 몰릴 때까지 대체 무얼 하고 있었을까? 여기가 막다른 길이라는 신호를 놓쳤던 게 아닐까? 아니면 알면서도 못 본 체한 건 아닐까? 그렇게 어리석은 사람이 되고 싶지는 않았다. 늘 만반의 준비를 해두고 싶었다.

그리고 나는 점점 더 불안해졌다.

망하는 일에는 좀처럼 적응이 되지 않는다. 피해를 최소화하기 위해 여러 안전장치를 마련해둔다. 건강 관리를 열심히 한다거나 건강검진을 빼놓지 않고 받는다거나 날이 궂은 날에는 차를 몰고 나가지 않는다거나 하는 일들.

오래전에 사둔 소화기의 압력이 적당한지 체크하고, 불이 나면 베란다를 통해 아랫집으로 내려가는 방법을 마음속으로 연습해본다. 적은 돈이나마 꼬박꼬박 저축하고 과소비하지 않으려 노력한다. 그런데 내가 망하는 것만큼이나, 아니 그보다 더 무서운 것은 내 자식이 망하는 일이다. 이 세상에는 불운과 불행이 얼마나 많은지, 우리 아이들에게도 그런 불운과 불행이 닥칠까 너무나 두렵다.

얼마 전 둘째 아이가 30점대라는 처참한 점수를 받아왔다(100점 만점이다). 이제 익숙해질 법도 됐건만, 체념할 때도 됐건만, 내 안의 감정 컨트롤 본부는 여지없이 비상 모드를 가동한다. 불안 장관이 빨간 버튼을 누른다.

지금 내 머릿속은 지구와 운석이 충돌하기 직전의 NASA 관측센터와 비슷할 것이다. 경고등이 울리고 사방이 불빛들로 번쩍거린다. 연구원들은 무슨 수라도 내야 한다고 난리를 친다. 차분하게 앉아 차가운 머리로 냉철한 판단을 내릴 이는 과연 누구인가?

아이가 30점대의 점수를 받아서 물론 놀라고 화가 났다. 하지만 감정과 생각은 별개다. 이 감정을 생각으로 끌고 가지 않는 게 중요하다. 이런 감정은 불길한 상상(내 아이는 불우하고 불우한 어른이 되어 빛도 안 드는 차디찬 방 한구석에 웅크리고 누워 자신의 인생에 절망하고 있다)으로 빨려들어갈 확률이 높다. 감정의 장난이다.

실제로 아이가 어떤 미래를 맞이할지는 누구도 모른다. 나는 그 장난에 휘말리지 않으려 노력한다. 아니, 그 장난에 휘말리고 있다는 사실을 인지한다. '내가 또 그러고 있구나'라고 생각하는 순간 한 김이 식는다. '알아차림 명상'이라는 불교식 마음 수련법이다. 종교와 관계없이 효과가 좋다. 한번 해보시라.

불안이 한 김 식고 나면 해야 할 일이 조금씩 드러난다. 아이가 30점이라는 점수를 받았다. 이유는 무엇일까? 시험공부를 제대로 안 했기 때문이다. 시험공부를 제대로 안 했던 이유는? 시험공부를 제대로 해본 적이 없기 때문이다.

아이 옆에 앉아 아이가 공부하는 모습을 (책을 읽는 척하면서) 관찰한다. 아이는 그냥 눈으로 문제를 훑고만 있다. 그나마 잠시 후 눈이 감기면서 머리가 뒤로 넘어간다. 다시 감정이 움직인다. 우와, 공부 못하는 애들이 이런 애구나. 이런 애가 내 자식이라니. 분노와 절망감이 다시금 솟구친다. 이 아이에게는 자리에 앉아 공부라는 걸 하는 습관이 없다. 위기의식이 없는 것도 문제다. 나쁜 시험 성적이 미칠 여파에 불안이 없는 것이다. 어쩔 수 없다. 내가 그렇게 키웠으니.

나는 불안해서 공부했다. 엄마에게 혼날까봐 공부했고 그렇게 하다보니 공부를 좀 잘하게 됐고 잘하다보니 문제 푸는 게 재밌었고 나에게 맞는 공부 방법도 알게 됐다. 나는 체계형 인간이고 문제를 하나하나 풀어나가는 일, 자기만의 공부 방식을 만들어나가는 일은 체계형 인간에게 아주 잘 맞았다.

그러나 나는 행복한 아이는 아니었다. 학교를 끔찍하게 싫어했고 공부가 너무나 싫어 대학 때부터는 아예 공부에 손을 놓았다. 그리고 불안으로 오랜 시간 고통받았다.

불안 없이 공부한다는 것이 가능할까? 그 질문은 불안 없는 인생이 가능할까, 라는 좀더 원론적인 질문으로 이어진다. 불안은 나쁘기만 한 걸까? 불안이 필요한 부분도 있지 않을까? 너무 과하지만 않다면 말이다. 불안이 없었다면 인류가 여기까지 오지도 못했겠지.

아, 이게 문제인지도 모른다. 나는 단순한 문제도 지

나치게 진지한 쪽으로 끌고 들어간다. 그냥 내 남편처럼 "닥쳐! 공부는 해야 하는 거야!" 하고 윽박지를 수 있다면 좋겠다. 그런데 나는 공부를, 아니 오로지 시험만을 위한 이런 공부를 왜 해야 하는지 여전히 잘 모르겠다. 내가 가진 답이 궁색하니 아이들을 설득하기도 힘들다. 성실성과 인내심을 기를 수 있다고? 그것은 무엇에 도움이 되지? 아아, 공장의 부품이 되는 데? 미래 사회의 말 잘 듣는 일꾼이 되는 데?

인간은 자기 자신에게 성실해야 한다고 생각한다. 자신이 가치 있게 느끼는 일에서 인내할 수 있어야 한다고 생각한다. 그러나 문제는 내 아이가 어떤 것에도 딱히 성실하지 않고 인내심도 없어 보인다는 데 있다. 아이씨, 이거 진짜 망한 거 아닐까?

어떻게 보면 우리는 망한 것이다. 망한 게 맞다. 아들을 명문대에 입학시킬 때 내 시부모님이 꿈꿨을 미래와는 너무나 먼 길로 왔다. 그 귀한 외동아들이 직장도 없이 전세 6천5백만 원짜리 다 허물어져가는 단독주택에서 아이 둘을 데리고 살 때 시부모님은 얼마나 가슴을 쳤을까? (시어머니는 가슴이 아파서 우리 집에는 못 오겠다고 했고, 우리 엄마는 비가 많이 올 때마다 전화를 걸어 이렇게 물었다. "너희 집 안 떠내려갔니?")

나는 우리 집안에서 처음으로 서울 소재 4년제 대학에 입학한 사람이었으나 집안을 일으키는 데 실패했다. 다니던 회사마다 때려치우던 남편은 결국 영세자영업자가 되었고, 아이들은 공부를 못한다. 심지어 나는 불안장애와 우울증까지 걸렸다. 기대에 미치지 못하는 삶을 살게 된 걸로 치자면 우리는 망한 게 맞다. 그렇게 무서워하던 망함을 이미 겪고 있는 것이다.

그래, 인정하자. 쿨하게 인정하자. 나는 망했다. 망한 인생이다. 그런데 이상하게도 나는 아직 살아 있다. 살아서 공과금도 내고 국민연금도 건강보험료도 밀리지 않고 내고 있다. 하루 세 끼 맛있는 밥도 먹고 커피도 맥주도 사 마신다. 웃기도 자주 웃고 친구도 예전보다 더 많아졌다. 어디 아픈 데도 없고 운동도 열심히 하고 빚도 없고 저축도 꾸준히 하고 있다. 어 뭐지? 나 분명히 망했는데….

아이들이 공부를 못하게 된 것도 망한 결과인지도 모른다. 그렇다고 어떻게 하겠는가? 공부를 못한다고 해서 우리 애들이 나쁜 애들도 아니고 쓸모없는 애들도 아니다. 공부를 못해도 여전히 사랑스럽다. 적어도 나에게는 그렇다. 우리 애들은 인간으로서 유한한 잠재력을 갖추고 있으며(교장 선생님 훈화 말씀에 자주 등장하는 '무한한 잠재력' 같은 말은 쓰지 말자. 인간의 잠재력은 아무리 봐도 유한하다), 마음씨가 착하고, 최소한의 예의와 매너를 지킬 줄 안다. 무엇보다 이 아이들은 마음이 건강하다. 찌들어본 적이 없어서 건강하다. 어린 시절을 자유롭게 뛰놀며 보냈기 때문에 건강하다.

공부를 잘하는 데 있어서는 망했으나 인생이 망한 것은 아니다. 하긴, 인생에 망하고 흥하는 일이 어디 있는가. 성공과 실패가 어디 있는가. 그냥 사는 거지.

그냥 사는 것이다.

그러므로 성공과 실패의 정의는 다르게 쓰여야 한다. 나는 얼마 전에야 그 말의 뜻을 진심으로 받아들였다. 모든 실패는 성공으로 가는 길에 놓인 징검다리들이다. 그걸 밟지 않고 성공할 수는 없다. 그러나 더 중요한 것은 이거다. 성공이 모든 것의 끝은 아니다. 성공한 뒤에 바로 죽어버릴 게 아니라면.

그렇게 생각하면 실패도 성공도 그저 과정에 지나지

않는다. 과정 중 하나일 뿐이다. 목적지까지 가는 동안 우리가 지나치는 깃발들 중 하나일 뿐이다. 인생은 그냥 가는 길일 뿐이다. 무엇을 위해서가 아니다.

그러니 실패하고 망하자. 실패하고 망하는 거, 해보니까 별거 아니네! 실패하고 망해도 계속 살아지네! 하고 통쾌하게 말하는 사람이 될 수 있기 위하여, 진정 용기 있는 자가 되기 위하여 그래 보자. 용기는 타고나는 게 아니라 달성하는 거니까. 그래서 닌텐도 게임 속 슈퍼 마리오가 하나씩 따는 동전은 사실은 용기인지도 모른다. 주머니 가득 두둑하게 용기를 채워가면서 용암을 건너 괴물을 물리치고 끝내 공주를 구하는 것이다.

그런 것이다.

하긴, 인생에 망하고
흥하는 일이 어디 있는가.
성공과 실패가 어디
있는가. 그냥 사는 거지.
그냥 사는 것이다.

마음의 노래　　　　Track 12

Daft Punk, 〈Digital Love〉

망하는 것과 이 노래가 무슨 관계가 있나 하실 텐데, 저는 다프트 펑크의 노래를 들으면 미아 한센 러브의 영화 〈에덴〉이 생각납니다. 그 영화에서 다프트 펑크와 같은 시기에 야심 차게 디제잉을 시작한 주인공은 결국 폭삭 망해버리고 말죠. 다프트 펑크는 전설이 되었는데 말이에요. 젊은 시절의 뼈아픈 실패를 뒤로하고 주인공은 초라한 인생을 다시 살아갑니다. 망한 후에도 삶은 계속되니까요. 그래서 이 노래를 들을 때마다 왠지 뭉클해집니다. 파티가 끝나고 모두가 떠난 썰렁한 클럽의 풍경이 떠오르는 듯해요.

망한다는 것은 제게 진다는 것과 같은 의미로 다가옵니다. 저는 평생을 이기고자 하는 마음에서 벗어나지 못했어요. 맞아요, 저는 승부욕과 경쟁심이 강한 인간입니다. 지는 게 세상에서 제일 싫어요. 그런데 만약 질 것 같으면? 아예 시작을 안 합니다. 그로 인해 오랫동안 힘들어한 후에야 비로소 지는 법을 배우고 있습니다. 요즘 저는 쿵후 도장에 다니고 있는데요, 매일이 좌절의 연속입니다. 못해도 이렇게 못할 수가 없습니다. 처음에는 쪽팔려 죽을 지경이었는데 몇 달 하다보니 그래도 조금씩 실력이 늘긴 하더군요. 하지만 그 기쁨도 잠시, 계속해서 다음 단계로 넘어가야 합니다. 저는 매일 패배하기를 반복하지요. 그러나 다짐합니다. 못하는 사람이 되자. 못하는 사람으로 존재하자. 내가 세상에서 가장 싫어하는 그 일을 해보자. 못하는 나를, 패배한 나를 받아들이자. 그냥 나로 존재하자. 그렇게 저는 못하는 사람이 되기 위해, 질 줄 아는 사람이 되기 위해, 그냥 나로 존재하기 위해 오늘도 트레이닝팬츠를 입고 도장으로 향합니다. 그 기분, 썩 괜찮습니다.

Epilogue

이 이야기들을 쓰기 시작할 때는, 봄 즈음에 책이 나오면 좋겠다는 계획을 잡고 있었습니다. 그런데 이야기들을 마무리할 무렵 저의 인생에도 여러 가지 변화가 닥쳐왔고, 그러면서 조금씩 마음이 불안해지기 시작했으며, 그러다가 봄이 불쑥 찾아와버렸고, 환절기의 지옥이 시작되었습니다.

상태가 좋을 때 예약해둔 비행기표를 취소할 수 없어 정신없이 떠난 3월 초의 여행 중, 고베의 전철역 앞 횡단보도에 서서 신호가 바뀌기를 기다리고 있을 때였습니다. 저는 눈앞에 빠르게 지나가는 트럭을 보면서 무심하게 생각했습니다. 지금 확 뛰어들어버릴까, 그러면 편해지겠지. 늘 그렇듯 대단한 각오도 아니었고 삶이 그렇게 쉽게 놓아버릴 정도로 고통스러운 것도 아니었으며 그냥 지나가는 울적한 기분일 뿐이었습니다. 그런데도 쉽게 그런 생각을 해버릴 수 있었던 겁니다. 그러고 나서 저는 '아, 나 좀 위험한데?' 하고 생각했습니다.

호텔방에서 새벽녘 악몽을 꾸다 깨어 또 생각했습니다. 대체 뭐가 문제일까? 나는 왜 이러는 것일까? 괴로워서 세 시간 동안 일기를 썼습니다. 그러고 나니 졸려서 한 시간쯤 잠들었다가, 아침을 먹으러 카페에 갔습니다. 어젯밤의 울적한 기분은 사라지고 없었습니다. 머릿속은 맑았고 마음은 가벼웠으며 세포 하나하나에서 기운이 솟는 느낌이 들었습니다. 카페인의 효과였을까요? 저는 고베의 가파른 언덕길을 날듯이 뛰어올라 더 올라갈 수 없는 꼭대기까지 갔습니다. 하지만 카페인은 불안장애의 취약입니다.

이 여행 중 급격한 기분의 고저를 경험하면서 제가 알게 된 것은, 제가 자신을 너무 많이 비난하고 있다는 사실이었습니다. 물론 평소 저는 타인을 많이 비난하는 것처럼 보일 겁니다. 특히 남편을 가장 많이 비난합니다. (여보, 변기 뚜껑!) 그러나 그 근저에는 자신에 대한 불안, 분노, 절망 같은 것이 숨어 있습니다.

그때부터 제 사고 패턴을 돌아보았더니, 마음이 어두워질 때마다 이렇게 생각하는 거였습니다. '아… 또 왜 이러는 거야?', '지금 불안할 일은 없어', '그만 좀 해', '다른 생각을 하자. 다른 생각을', '난 정말 왜 이럴까?', 그러다 문득, 그 말들이 짜증 많은 엄마가 불안한 아이에게 하는 말 같다는 생각이 들었습니다. "너 또 이럴래?", "그만 좀 해", "뚝 그치고 이 아이스크림 먹어", "넌 정말 왜 그 모양이니?" 저에게도 익숙한 말들이었습니다. 어릴 때부터 너무나 많이 들어왔기 때문입니다. 그러면서 부끄러움이 밀려들었습니다. 저 역시 제 아이들에게 그런 말을 했을 겁니다.

자, 자. 과거는 과거입니다. 과거는 무를 수가 없습니다. 원인을 찾아봤자 달라질 것도 없으니 일단 그대로 두고, 지금 해야 할 일을 해봅시다. 지금 해야 할 일은 뭔가에 심통이 난, 울적해진, 좌절한, 짜증을 내는 아이에게 그만하라고 소리치거나 넌 왜 늘 그런 식이냐고 비난하는 대신에, 아이가 자기 감정을 잘 소화할 수 있도록 여유를 가지고 기다려주는 겁니다. 그 감정에서 달아나거나 외면하려고 노력하는 대신에, 그 감정을 제대로 바라볼 수 있게 해주는 겁니다. 그러는 동안 아이의 곁에 있어주는 겁니다. 가능하다면 손을 잡아주거나 안아주는 것도 좋겠지요. 얼마 후 아이의 감정이 진정되면 그때는 그 감정에 대해 이야기를 나눠봅니다. 기분은 어땠는지, 그럴 때는 어떻게 하면 좋을지와 같은 이야기들을요. 그리고 그 감정을, 그 시간을 잘 이겨낸 아이를 꼬옥 끌어안아주는 겁니다. 네가 어떤 아이이건 나는 너를 사랑한다고 알려주는 겁니다.

이런 이야기는 육아 전문가들로부터 너무 많이 들어서 귀에 못이 박힐 지경입니다. 그런데 저는 제 자신에게 그렇게 해주었을까요? 그 감정에서 빠져나올 때까지 진득하게, 여유를 가지고 기다려주었을까요? 그보다는 오히려 그 감정에서 달아나려 애쓰면서 결국 악순환을 반복한 것은 아닐까요? 저 자신에게 가장 가혹했던 것은 어쩌면 제가 아닐까요?

저는 정신과 의사도 심리치료사도 아닙니다. 저는 그냥 평범한 사람입니다. 나쁜 말로 하면 예민하고 좋은 말로 하면 섬세합니다. 늘 불안을 느끼고 가끔은 그 불안에 사로잡혀 헤어나질 못합니다. 그러다가 웅덩이에라도 빠진 듯 침잠하기도 합니다. 그러다가도 또 명랑하고 활기차기도 합니다. 그 모든 것이 저입니다. 불안하면서도 낙천적이고 예민하면서도 대담합니다. 우울하면서도 명랑하고 무기력하면서도 활기 넘칩니다. 그 모두가 저입니다. 그리고 저는 그런 자신을 비난하는 대신, 잘 보듬어 안는 법을 배워야 할 겁니다. 아이처럼 자기애에 빠지는 대신, 어른처럼 너그러워지는 법을 배워야 할 겁니다. 여전히 배울 것이 참 많습니다.

이 글은 모두 다른 마음으로 쓰고 고쳤습니다. 어느 때는 기분이 좋았고 어느 때는 죽고만 싶었습니다. 어느 때는 불안해서 견딜 수가 없었고 어느 때는 차분하고 평온했습니다.

그러니 나중에 다시 읽을 때 아니, 왜 이런 소리를 써놓은 거야? 하고 스스로 의아해할 수도 있을 겁니다. 저 자신도 그러한데 다른 누군가가 이런 글을 읽고 어떤 식으로 받아들일지, 혹시 여기에 너무 많은 영향을 받지나 않을지 걱정스럽기도 합니다.

그러니 그저 이 이야기를, 어떤 사람의 이야기로 받아들여주세요. 당신이 거리에서 스쳐지나간, 식당에서 당신의 대각선 맞은편에 앉아 있던, 카페에서 당신과 등을 맞대고 있던, 시장에서 생선을 고르고 있던, 그런 사람 중 하나의 이야기로 생각해주세요.

다른 사람의 인생을 생각하는 것만으로도 저는 삶이 충만해진다고 믿습니다. 그래서 우리가 매일 드라마를 보고 책을 읽고 다른 사람들의 이야기를 듣는 거라고 생각해요. 이 세상이 수많은 인생으로 가득차 있다는 사실, 그들 모두가 살아보고자 분투하고 있다는 사실, 그들이 어떤 면에서는 나와 너무 닮았고 또 어떤 면에서는 나와 너무 다르다는 사실, 그러나 우리 모두가 인간이라는 사실, 그 사실에서 저는 크나큰 위안을 얻습니다. 이 이야기도 여러분이 듣고 보고 읽은 수많은 이야기 중의 하나로 남기를 바랍니다. 감사합니다.

마음의 노래   Playlist

01. 이소라, 〈Track 11〉
02. Remi Wolf, 〈Liz〉
03. Carpenters, 〈Goodbye To Love〉
04. Art Garfunkel, 〈Traveling Boy〉
05. Lou Reed, 〈Perfect Day〉
06. Fujii Kaze, 〈Garden〉
07. Eric Clapton, 〈Reptile〉
08. Pat Metheny, 〈Last Train Home〉
09. 양희은, 〈11월 그 저녁에〉
10. Tom Misch, 〈Smells Like Teen Spirit〉(Quarantine Sessions)
11. 페퍼톤스, 〈계절의 끝에서〉
12. Daft Punk, 〈Digital Love〉

2025년 10월 26일 초판1쇄 발행
2025년 11월 29일 초판6쇄 발행

지은이	한수희
펴낸이	김보희
펴낸곳	터틀넥프레스
등록	제2023-000022호(2023년 2월 9일)

TURTLENECK PRESS

홈페이지	turtleneckpress.com
전자우편	hello@turtleneckpress.com
인스타그램	instagram.com/turtleneck_press
뉴스레터 <거북목편지>	turtleneckpress.stibee.com

디자인	스튜디오 고민
표지그림	이영채
교정도움	이화령
제작	세걸음
물류	우진물류

ⓒ 한수희, 2025
ISBN 979-11-993494-0-7 (03810)

- 이 책은 저작권법에 따라 보호를 받는 저작물이므로 무단 전재와 무단 복제를 금합니다.
- 이 책의 전부 또는 일부를 이용하려면 반드시 저자와 터틀넥프레스의 동의를 받아야 합니다.
- 인용한 글 중 연락처를 찾을 수 없거나, 판권이 소멸되어 재수록 허가의 주체가 불분명한 경우 연락이 닿는 대로 허가를 받고 필요한 절차를 밟도록 하겠습니다.